BREUDWYT RONABWY

BREUDWYT RONABWY

ALLAN O'R LLYFR COCH O HERGEST

GAN

MELVILLE RICHARDS

CAERDYDD
GWASG PRIFYSGOL CYMRU
1948

Argraffiad cyntaf 1948

Adargraffwyd 1980

ISBN 0 7083 0270 X

© Gwasg Prifysgol Cymru

Cyhoeddwyd ar ran Bwrdd Gwybodau Celtaidd
Prifysgol Cymru

Cedwir pob hawl. Ni ellir atgynhyrchu unrhyw ran o'r cyhoeddiad hwn na'i gadw mewn cyfundrefn adferadwy na'i drosglwyddo mewn unrhyw ddull na thrwy unrhyw gyfrwng electronig, mecanyddol, ffoto-gopïo, recordio, nac fel arall, heb ganiatâd ymlaen llaw gan Wasg Prifysgol Cymru.

Adargraffwyd gan
Wasg John Penry, Abertawe

I
HENRY LEWIS
ATHRO ANRHYDEDDUS : CYFAILL CYWIR

RHAGAIR.

Golygwyd y testun hwn yn y dull arferol trwy atalnodi a rhannu'n baragraffau. Dymunol yw gennyf ddiolch i'm cyfeillion parod am eu help a'u cefnogaeth : i'r Athro Henry Lewis am ddarllen y gwaith drwodd ac am liaws o awgrymiadau ; i Stephen J. Williams àm ddarllen rhan o'r proflenni ; i'r Dr. Elwyn Davies am ymgymryd o'i wirfodd â pharatoi map i egluro taith Rhonabwy, ac am ei ddiddordeb cyson ; i Fwrdd y Wasg am dderbyn y llyfr i'w gyhoeddi ; i Wasg Gomer am ei gofal.

Rhagfyr, 1947.   M.R.

CYNNWYS

Tud.

RHAGYMADRODD

   §1. Tystiolaeth y Llawysgrifau . . ix

   §2. Ffynonellau Llenyddol *Breuddwyd Rhonabwy* xi

   §3. Y cefndir hanesyddol . . . xxv

   §4. Iaith xxx

   §5. Amseru *Breuddwyd Rhonabwy* . xxxvii

   §6. Crefft *Breuddwyd Rhonabwy* . . xli

BREUDWYT RONABWY 1

NODIADAU 23

BYRFODDAU A LLYFRYDDIAETH . . . 65

ENWAU PERSONAU 73

ENWAU LLEOEDD 75

GEIRFA 77

MYNEGAI I'R NODIADAU 87

RHAGYMADRODD

SAIF *Breuddwyd Rhonabwy* ar ei phen ei hun ymhlith y chwedlau a'r rhamantau Cymraeg. Un o'i nodweddion yw bod rhai o'r cymeriadau bron yn gyfoes â'r awdur anhysbys, hynny yw, cymeriadau hanesyddol ydynt a digon o dystiolaeth iddynt o ffynonellau eraill hanes Cymru yn y ddeuddegfed ganrif. Digon gwir fod *Breuddwyd Maxen* yn disgrifio gwŷr hanesyddol ond y mae ffansi'r cyfarwydd wedi gwau y fath frodwaith o'u hamgylch fel mai prin yr adnabyddwn ym Maxen Wledig y milwr Magnus Maximus a ddyrchafwyd yn Ymherodr Rhufain yn y bedwaredd ganrif. Yng ngeiriau'r Athro Ifor Williams, "ym Mreuddwyd Maxen cawn gymysgfa o hanes, o draddodiad ac o ddyfais lenyddol, gan ŵr cyfarwydd ag adrodd storïau difyr" (BM. vii). Cawn gymysgfa o hanes, traddodiad a dychymyg hefyd ym *Mreuddwyd Rhonabwy*, ond cedwir yr elfennau hyn ar wahân i raddau helaeth iawn, fel y ceir gweld eto.

§1. Tystiolaeth y Llawysgrifau.

Ni chadwyd *Breuddwyd Rhonabwy* ond mewn un llawysgrif, sef Llyfr Coch Hergest, colofnau 555-571. Dyddiad y rhan hon yw 1375-1425 (RWM. ii. 1). Fel y gwyddys, cadwyd yr holl ramantau eraill neu rannau ohonynt yn llawysgrif Peniarth 4, Llyfr Gwyn Rhydderch. Yn anffodus y mae mwy nag un bwlch yn y llawysgrif honno ac ni cheir, er enghraifft, ddim o ffolio ccxix-ccxxvi, hynny yw, colofnau 193-224. Ar golofnau 191-2 ceir dechrau *Cyfranc Lludd a Llefelys*, ac ar golofnau 225 ymlaen ceir parhad o *Iarlles y Ffynnon* a rhyw ychydig o'i dechrau yn eisiau. Beth oedd yn yr 8 ffolio goll? Yr hyn a wnaeth Gwenogvryn Evans yn ei argraffiad o'r Llyfr Gwyn oedd rhoi colofnau'r Llyfr Coch yn yr un teip â cholofnau'r Llyfr Gwyn i mewn yn y bwlch, sef gweddill *Lludd a Llefelys, Breuddwyd Rhonabwy* yn ei chrynswth a dechrau *Iarlles y Ffynnon*. Ac wedi gwneud hyn gwelir bod testun y Llyfr Coch yn asio'n gymwys wrth destun y Llyfr Gwyn ar dop col. 225. "This fact practically proves that the White Book contained this curious story [*Breuddwyd Rhonabwy*], though I know of no other evidence," WM. x. Credaf y gellir dwyn tystiolaeth arall, sef tystiolaeth fewnol y Llyfr Coch ei hun, lle y gellir canfod olion copïo o lsgrf. hŷn. Dangosodd Syr Ifor Williams mai'r Llyfr Gwyn [W] "neu gopi llythrennol ohono, oedd gwreiddiol R [Llyfr Coch] i'r Pedair Cainc", PKM xii. Arferai R ddilyn W yn slafaidd ond ei fod weithiau yn diweddaru ffurfiau ac weithiau yn ceisio gwella llygriadau W. Dyma rai enghreifftiau o olion copïo ym *Mreuddwyd Rhonabwy*: ymallictwn 1. 18, Nillystwn trefan 1. 21, a godreon y llenn las 4. 2, diuethaf 9. 24, penngech 11. 8, heneidwn llen 18. 18, wrdarch 19. 11. (Gweler y Nodiadau am ymdriniaeth lawn).

Mae'n debyg felly y gallwn yn bur hyderus gasglu bod *Breuddwyd Rhonabwy* ar un adeg yn rhan o Lyfr Gwyn Rhydderch a deuai hynny â'r chwedl i 1300-25. A oes modd mynd yn ôl eto ? Nac oes, ond teg yw nodi'r posibilrwydd fod y *Breuddwyd* unwaith yn rhan o Beniarth 6, llawysgrif nad oes ond darnau byrion iawn o *Franwen, Manawydan* a *Geraint* wedi goroesi ynddi. Oed Pen. 6 yw tua 1225 (RWM i. 316). Ond nid wyf am bwyso ar ddamcaniaeth mor eiddil ac ansicr â hon.

Un pwynt arall. Digwydd cyfeiriad at y chwedl yng ngwaith y Gogynfardd Madog Dwygraig mewn awdl i Forgan Dafydd ap Llywelyn, MA 323a45 :
  Rhy anniben wyf ail Rhonabwy
  Rhyw freuddwydydd moel coel celadwy.
Beth bynnag oedd dyddiau Madog Dwygraig (1290-1340, MA ; 'blodeuai tua 1370,' *Cerdd Dafod*, xxiv), yr oedd *Breuddwyd Rhonabwy* yn ddigon adnabyddus yn y bedwaredd ganrif ar ddeg i fardd ganu amdani.

§2. Ffynonellau Llenyddol *Breuddwyd Rhonabwy*.

Gwyddys fod dosbarth o wŷr yng Nghymru'r Canol Oesoedd a fyddai yn adrodd chwedlau wrth eu crefft, fel y byddai beirdd y tywysogion yn canu awdlau wrth eu crefft. *Cyfarwydd, cyfarwyddiaid* oedd yr enw ar y chwedleuwyr hyn, a *chyfarwyddyd* y gelwid eu chwedl. Eu gwaith oedd difyrru tywysogion yn eu llysoedd trwy adrodd ar dafod leferydd hen chwedlau a ddysgasent ar gof. Dengys cyfeiriadau yn y chwedlau eu hunain fod y cyfarwyddiaid yn cael eu dosbarthu gyda'r beirdd ond eu bod efallai radd yn is yn y gyfundrefn gymdeithasol. Cymysg a chymylog yw'r dystiolaeth ac nid dyma'r lle i ymdrin â'r pwnc. Ond gallwn gyfeirio at Wydion a'i gymdeithion yn mynd i lys Pryderi yn rhith beirdd, a Phryderi yn gofyn iddynt am *gyfarwyddyd*. Fe'i geilw Gwydion ei hun yn bencerdd ac edrydd ei gyfarwyddyd gan ddiddanu'r llys. Arwyddocaol hefyd yw'r frawddeg ar ddiwedd *Breuddwyd Rhonabwy* lle y dywedir na ŵyr neb y breuddwyd "na bard na chyfarwyd heb lyuyr", 21. 10-1.

Ni wyddom fawr ddim am hyfforddiant y gwŷr medrus hyn. Rhaid eu bod yn derbyn disgyblaeth lem yn eu hysgolion fel y gwnâi'r beirdd trwyddedig hwythau. Rhaid eu bod yn medru ar dafod leferydd ugeiniau o chwedlau nad oes gennym ni heddiw ddim cyfeiriad atynt. A sylwer mai ar lafar y traddodid y chwedlau hyn i ddechrau nes bod rhywun yn cael y syniad gwych o'u rhoi ar gadw mewn llawysgrif. Beth oedd gan y cyfarwyddiaid hyn wrth eu llaw? "Nid dyfeisio'u cymeriadau a'u digwyddiadau a wnaent, ond tynnu ar y doreth o chwedlau a ddaeth i'w rhan o'r gorffennol", T. Parry, HLlG. 56. Rhaid mai go syml a di-lun, er enghraifft, oedd y Pedair Cainc yn gyntaf oll, ond wedi canrifoedd o ychwanegu haen ar ben haen a stori at stori a chaboli diderfyn ar wefusau'r cyfarwyddiaid cyraeddasant yr ysblander a roddwyd yn derfynol iddynt gan ryw ŵr tua 1060. Yr un ymchwyddo cyson a welir mewn chwedl fel

Culhwch ac Olwen. Beth ynteu am *Freuddwyd Rhonabwy*? Yr ydym ar dir gwahanol yn awr, canys cytûna pawb mai dyma'r chwedl a mwyaf o ôl y llenor proffesedig ymwybodol arni. Nid dyma gyfarwyddyd a dyfodd o genhedlaeth i genhedlaeth gan dynnu ató elfennau a digwyddiadau eraill nes gallu ohonom ddarganfod ac olrhain y gwahanol haenau fel daearegwr yn dadlennu cyfrinachau crombil y ddaear. Nage; gwaith un gŵr yw hwn, creadigaeth sydd bron yn gyfan gwbl lenyddol, darn o lenyddiaeth a gyfansoddwyd o fwriad. Er hynny i gyd y mae'n bosibl cael gafael ar rai o'r ffynonellau, a buddiol fydd ceisio rhoi crynodeb o'r chwedl.

Cystal dyfynnu T. Parry, HLlG. 65.: "Aeth Iorwerth, brawd Madog ap Maredudd, tywysog Powys, ar herw i Loegr, a bu raid gyrru dynion i chwilio amdano ac ymysg y rheini yr oedd Rhonabwy. Daeth hwnnw a dau gydymaith un noson i letya i dŷ aflan anhygoel, ac yn ei gwsg breuddwydiodd Rhonabwy ei fod ef a'i gymdeithion yn cerdded ar hyd maes, a'u goddiweddyd o farchog, sef Iddawg Cordd Prydain. Aethant ynghyd nes gweled afon Hafren, ac ar ynys yn yr afon yr oedd Arthur yn eistedd. Derbynnir hwy ganddo, a chyn hir daw gŵr i atgoffa Arthur y dylai fod yn ymladd â'i elynion. Cychwynnant i'r frwydr, ond ar y ffordd arhosant, ac â Arthur ac Owain i chwarae gwyddbwyll. Hysbysir Owain fod milwyr Arthur yn poenydio'r haid o frain a oedd gan Owain i'w ganlyn, ond ni fynn Arthur eu gwahardd. Digwydd hyn eilwaith a thrydedd, ac yna gorchmynna Owain godi ystondardd yng nghanol y frwydr. Try pethau o chwith, ac y mae'r brain yn prysur ddifa milwyr Arthur, ac Owain mor ddifater ag y bu yntau gynt. Daw cenhadon oddi wrth Osla, gelyn Arthur, i ofyn cymod, ac wedi ymgynghori â nifer o'i gynghorwyr caniatâ Arthur y cais. Deffry Rhonabwy, wedi cysgu tridiau a theirnos."

Ymdrinir â'r rhan hanesyddol am Fadog ac Iorwerth dan bennawd arall. Pa ddefnydd oedd gan awdur y Breuddwyd? Yn gyntaf peth yr oedd ganddo stoc arferol y cyfarwydd Cymraeg. Erbyn ei gyfnod ef yr oedd y *Pedair Cainc* a *Chulhwch ac Olwen* yn gwbl hysbys. A mwy na thebyg ei fod wedi clywed neu ddarllen *Breuddwyd Maxen* a *Chyfranc Lludd a Llefelys*. Pa fodd bynnag, egyr ei stori yn y dull traddodiadol, dull a ddysgodd yn ystod ei hyfforddiant, mae'n bur debyg, "Madawc uab Maredud a oed idaw Powys yn y theruyneu". Cyffelyb yw agoriad y Gainc gyntaf: "Pwyll, pendeuic Dyuet, a oed yn arglwyd ar seith cantref Dyuet". Yr ail Gainc: "Bendigeiduran uab Llyr a oed urenhin coronawc ar yr ynys hon". Y bedwaredd: "Math uab Mathonwy oed Arglwyd ar Wyned;" "Maxen Wledic a oed amherawdyr yn Rufein;" "Efrawc Iarll bioed iarllaeth yn y Gogled." Yr un dull a welir mewn llawer o'r arwr-chwedlau Gwyddeleg: *Lebor na Huidre*, t. 95 Ri maith ro gab Mumain .i. Mairid mac Cáiredo; 127 Moírí mírbrethach ro gab os Herind .i. Cormac mac Airt; 307 Baí ri amra airegda i nEmain Macha fecht n-aill .i. Conchobur mac Fachtna; *Scéla Mucce Meic Dathó*: Boí rí amrae for Laignib, mac Dathó a ainm. Gwelir hefyd mai'r un troadau ymadrodd a ddefnyddir yn y *Breuddwyd* ag yn y chwedlau eraill. Manylir ar y rhain yn y Nodiadau. Ar ben hyn ceir sawl tinc sy'n ein hatgoffa am y chwedlau Gwyddeleg. Cymharer, er enghraifft, swydd Iddawg Cordd Prydain yn enwi milwyr Arthur i Ronabwy â gwaith Caoilte yn yr *Agallamh na Senórach* yn esbónio enwau lleoedd i Badrig a'i gyfeillion. A dyna'r defnydd a wneir o Findabair ferch Ailill i ddisgrifio'r arwyr yn *Fled Bricrend*, 54-66. Dylid sylwi yn arbennig hefyd ar y disgrifiadau dychanllyd o dŷ Heilyn Goch sydd mor debyg i rannau o *Aislinge Meic Conglinne*. Nid fy mod yn tybio benthyca, ond yn unig fod traddodiad cyffredin gan gyfarwyddiaid Cymru a *seanchaidhe* Iwerddon.

Un arbenigrwydd sy'n perthyn i *Gulhwch ac Olwen* yw bod rhestr hir o filwyr Arthur a nodir gan Gulhwch i'w helpu yn ei gais. Enwir nifer o filwyr Arthur hefyd yn y *Breuddwyd*, ac ar y diwedd ceir rhes o'i gynghorwyr. Cafodd awdur *Breuddwyd Rhonabwy* afael ar y mwyafrif mawr o'i gymeriadau Arthuraidd o ffynonellau Cymreig, naill ai mewn hanes, neu draddodiad, neu driawd, neu chwedl neu gân. Prawf *Nerth fab Kadarn* gydnabyddiaeth â *Chulhwch ac Olwen*.

Cyhoeddwyd *Historia Regum Brittanniae* Sieffre o Fynwy yn 1136 a mawr fu ei boblogrwydd yng Nghymru heb sôn am wledydd eraill. Fe'i cyfieithwyd i'r Gymraeg droeon. A gwelwn fod dau o arwyr Arthuraidd Sieffre wedi cael lle ym *Mreuddwyd Rhonabwy* : Cadwr, Iarll Cernyw a Howel fab Emyr Llydaw, a'r olaf yn digwydd hefyd yn chwedlau

Peredur a *Geraint*. Ymddengys mai disgrifiad Sieffre o Gadwr yn ddygwr cleddyf i Arthur a awgrymodd i awdur y *Breuddwyd* y darn ar 10. 25-29. Ceir dylanwad Sieffre mewn un man arall o leiaf, sef cyfleoli brwydr Baddon a Chaer Faddon (Bath).

Erys tri gŵr nad oes sôn amdanynt cyn *Breuddwyd Rhonabwy* : Iddawg fab Mynyo neu Iddawg Cordd Prydain, Danet fab Oth a Granwen fab Llŷr.

Pwysigrwydd *Breuddwyd Rhonabwy* mewn llenyddiaeth Gymraeg ydyw ei bod fel *Kulhwch ac Olwen* yn chwedl Arthuraidd Gymreig wreiddiol heb ddim o ôl y rhamantau y dylanwadwyd arnynt gan yr hanesion Ffrangeg. Yn y ddwy chwedl Gymraeg gwelwn Arthur yn ymherodr a'i lys yng Nghelliwig yng Nghernyw ac nid yng Nghaerlleon ar Wysg. Mae daearyddiaeth y *Breuddwyd* yn gwbl bendant a lleol heb ddim o niwlogrwydd annelwig y rhamantau, hyd yn oed yn y breuddwyd ei hun. Mae lleoliad bron y cwbl o'r enwau lleoedd yn sicr a gellir dilyn taith Rhonabwy a'i gymdeithion ar y map, megis y gellir dilyn hela Twrch Trwyth. Dylid sylwi hefyd na sonia am yr un riain deg. Chwedl wrywaidd iawn yw hon a'r unig wragedd y cyfeirir atynt yw'r hen wrach bifis yn nhŷ Heilyn Goch a'r wraig feinlas fechan. Sonnir wrth fynd heibio am gymdeithion Rhufawn yn cael gordderchu merched Ynys Prydain.

Gall yr hanes am Owain ab Urien a'i frain fod yn hen chwedl werin a gyfaddaswyd gan awdur y *Breuddwyd* at ei ddibenion ei hun. Yr ymgais ddiweddaraf i esbonio'r hanes yw eiddo Roger Sherman Loomis ("The Combat at the Ford in the Didot

Perceval", *Modern Philology*, XLII. 63-71). Ymhelaethu y mae ar sylw gan Jessie L. Weston yn *The Legend of Sir Perceval*, II. 207, fod Owain a'i frain yn hen elfen yn y traddodiad Celtaidd. Dyma ei ddamcaniaeth ar fyr. Cyfyng oedd nifer themâu y cyfarwyddiaid a'r rhamantwyr ac un o'r digwyddiadau stoc oedd bod yr arwr yn ymladd â gelynion peryglus ar ryw ryd neu'i gilydd. [Mae llenyddiaeth Gymraeg yn llawn o gyfeiriadau at ornest ar ryd, cf. BT. 56. 25-6 Yn drws ryt gweleis y wyr lletrudyon ; CA 1122 ac ar ryt berclwyt pennawt oed e veirch, 1154 dyuit [diwyd] en cadw ryt ; CLlH I. 3 Armaaf y wylyaw ryt, a cf. t. 57 ; ornest Pwyll a Hafgan ar y rhyd, PKM t. 5]. Ei fam, Modron, a chwiorydd Modron, merched Afallach, yw brain Owain, ac yr oedd hyn yn gyfochrog â thrawsffurfio Morgen a Morgain y rhamantau Ffrangeg yn adar ysglyfaethus. Cymharer hefyd y Morígan, duwies ffyrnig Iwerddon, a ymladdodd â Chuchulain ar y rhyd. Tybia Loomis felly mai traddodiad Celtaidd sydd wrth wraidd ornest Perceval ar y rhyd ag Urbain a'i adar duon. Elfennau'r traddodiad yw bod yr arwr yn ymladd â gelyn ; bod gwraig y gelyn hwnnw a'i morynion yn eu trawsffurfio eu hunain ac yn ymosod ar yr arwr. Trecha ef un ohonynt a datguddia'r gelyn pwy yw'r personau a oedd wedi eu trawsffurfio eu hunain. Gwedd arall ar y thema hon yw helynt Manawydan a'r llygod.

Yn ôl G. Peredur Jones, "The Scandinavian Settlement in Ystrad Tywi" Cy. XXXV, 137-8, nid yw'r Brain ond enw ar filwyr Owain, a galwyd hwy felly

am mai gwŷr o Ddenmarc oeddynt. Cludent hwy
ddelw brân ar eu baner. "Owen ap Urien flew it
probably because he was descended from a Viking and
lived and fought like a Viking himself", *ibid*, 138.
Tuedda Chotzen i ddilyn y ddamcaniaeth syfrdanol
hon, RC. 45.278.

Mae cyfeiriad arall yn Gymraeg at adar ysglyfaethus
sy'n ymosod ar ddyn yn yr hanes am Ddrudwas ap
Tryffin a'i Adar Llwch Gwin. Adroddir y stori hon
ym Mostyn 146 (RWM. i. 168) : Drvdwas ap treffin
mab bre[n]nin denmark a gafas gan i wraig dri
ederyn llwch gwin a hwynt a wnaent beth bynag ar a
archai i meistr. ag a bwvntied maes Rwng arthur
a drudwas a neb ddyfod ir maes ond nhw ill dav. A
gyrv i adar or blaen a wnaeth drvdwas a doydyd y
kynta a ddel ir maes ag fel ir oedd arthur yn mynd fo
ddoeth chwaer drvdwas oedd ordderch i arthvr ag ai
Arthur ir maes o wllys da i bob vn o honvnt ag or
di[wedd] fo ddoeth drvdwas ir maes gan dybio ladd
or adar arthur yn i arch Ag ai kipiodd yr adar ef ag ai
lladdasant ag yn entyrch awyr i adnabod a naethant
a disgin ir llawr drwy nethvr oernad dostvra yn y byd
Am ladd drvdwas i meistr. Cf. DN. 160-1.

Cyffredin yw breuddwyd a gweledigaeth yn llen-
yddiaeth Iwerddon, fel rheol er mwyn disgrifio rhyw
wlad well, megis yn *Immram Brain maic Febail* ac
Echtra Chormaic i Tir Tairngiri, etc. Hefyd gwêl yr
arwr ei gariad mewn breuddwyd ac â i chwilio amdani
fel y gwna Oengus yn *Aislinge Oengusso* a Maxen yn y
chwedl Gymraeg. Defnyddir gweledigaeth at ddi-
benion crefyddol yn aml, yn Iwerddon ac yn llenydd-

iaeth Ladin y Canol Oesoedd, cf. Max Voigt, Beiträge zur Geschichte der Visionenliteratur im Mittelalter (Palaestra 146), Leipzig, 1924. Gwreiddiol fodd bynnag yw defnyddio breuddwyd fel ffrâm i chwedl. Sylwodd pawb a fu'n ymdrin â *Breuddwyd Rhonabwy* ar y cyflawnder disgrifio ansoddeiriol sydd ynddi. Daw hyn â ni at ffynhonnell arall, sef yr Araith, yr enw Cymraeg ar Rethreg (Rhetoric). Nodwedd yr arddull rethregol yw cyfoeth geirfa ac ansoddeiriau cyfansawdd. Ceir disgrifiad o'r Araith Gymraeg gan Gwenallt Jones yn Rhagymadrodd *Yr Areithiau Prôs*, a W. J. Gruffydd, *Llenyddiaeth Cymru o 1450 hyd 1600*, 64-7. Cyfeiriant ill dau at y chwedlau Gwyddeleg a'u hoffter o'r arddull hon, "sef tyrru ansoddeiriau disgrifiadol cyfansawdd y naill ar ben y llall heb fesur na rheswm". *Breuddwyd Rhonabwy* a gymerir gan y ddau feirniad fel yr enghraifft bennaf o'r Rhethreg hon ymysg y chwedlau Cymraeg, ond o'u darllen gwelir mai *Peredur* a *Geraint* sydd yn dangos mwyaf o ôl yr ysgolion lle y dysgid y grefft hon. Bydd yn werth manylu ychydig ar y pwynt hwn. Gwyddom oll am arddull gadarn y Pedair Cainc a'i phwyslais ar ferf ac ar enw yn hytrach nag ar ansoddair. Gwedda hyn i gymeriad llafar y cyfarwyddyd hwn. Gwir y ceir rhai enwau ac ansoddeiriau cyfansawdd, ac unwaith neu ddwy res o ansoddeiriau disgrifiadol. Ond ar y cyfan perthyn y rhain i deithi naturiol yr iaith ac nid addurn celfyddydol peiriannol mo'r mwyafrif ohonynt. Ceir, er enghraifft, eiriau cyfansawdd megis *claerwyn, erchlas, eurwisc, eurlestri, teyrndlysseu, canwelw, melyngoch, purwyn, bonllwm, eurgryd, garmleis,* ac ymadroddion disgrifiadol megis *march drythyll llamsachus, gwas gwineu mawr teyrneyd, gwr tormynnawc kyuoethawc, arwydon tec gwedus, mab braswineu telediw,* Rhan o ddefnydd ieithyddol y cyfarwydd yw y rhain, yr epithedau a gymhwysid at wrthrychau neilltuol yn union fel y dysgai'r beirdd hwythau resi o ddisgrifiadau a weddai i syniadau amrywiol, (ar addysg y beirdd gweler *Gramadegau'r Penceirddiaid,* lxxxviii-cv). Ychydig iawn yw nifer y cyfansoddeiriau ym Mreuddwyd Maxen : *rudeur, gwynllwyt, rudem, eurlestri.* Yng *Nghulhwch ac Olwen* cyfyngir y Rhethreg i'r darn sy'n disgrifio Culhwch yn cychwyn i lys Arthur "ar oruyd penn lluchlwyt pedwar gayaf gauyl gygwng karngragen. a ffrwyn eur kymibiawc yn y benn. a chyfrwy eur anllawd y danaw. a deu par aryannheit lliueit yn y law .. a deu uilgi uronwynyon urychyon racdaw". Hwyrach fod peth o flas yr Araith ar y disgrifiad o Olwen.

Ym *Meuddwyd Rhonabwy,* fodd bynnag, ar wahân i gyfansoddeiriau mwy neu lai traddodiadol megis *gwr balch telediw, gwas melyngoch ieuanc,* &c., ceir y rhesi rhethregol hyn[1] :

> 145 hen neuad purdu tal unyawn ; llawr pyllawc anwastat; partheu llychlyt goletlwm ; gwr coch goaruoel gogrispin ; gwreic veinlas vechan ; 146 byrwellt dysdlyt chweinllyt ; breckan lwytkoch galetlom toll ; llenlliein vrastoll trychwanawc ; gobennyd lletwac a thudet govudyr ; gwraenc penngrych melyn ; 150 gwas traws fenedic ; 152 gwr garw-

[1] Rhoddir y cyfeiriadau at dudalennau RM er mwyn unffurfiaeth.

goch anhegar ; 153 llygeit rudgoch gwenwynic ; mackwy ieuanc pengrych melyn llygatlas ; brethyn gwyrdvelyn teneu ; cledyf eurdwrn trwm trichanawl ; 154 gwas ieuanc coch gobengrych gwineu llygadawc hydwf ; bwckran gwyn teneu; cledyf mawr trwm trichanawl ; 155 wyneb gwyn grudgoch idaw, a llygeit mawr hebogeid ; paladyr brasvrithuelyn ; areu trymyon estronawl ; cledyf eurdwrn mawr un min ; gwaell paladyrlas hirtrwm ; lludedic lityawcvlin ; 157 aruev trymleisson mawr ; pali kaerawc melyn ; cledyf hirdrwm trichanawl ; hydgen newydgoch ; 158 march olwyndu pennuchel ; arueu brychuelynyon ; cledyf eurdwrn gloew trichanawl ; 160 gwr lludedicvlin.

Brithir *Peredur* â chyfuniadau rhethregol :

195 ceffyl brychwelw yskyrnic ; llannerch dec wastat ; 205 gwas melyngoch achul ; gweisson culyon cochyon vndwf ac vnpryt ; 209 march achul gochwys ; 210 gwas gwineu telediw ; 215 morwyn hygar garueid ; 218 llidyawcdrut ffenedicualch ; 220 llityawcdrut engiryawlchwerw awydualch ; dyrnawt gwenwyniclym tostdrut milwryeidffyryf ; tri gweis moelgethinyon ; 221 gwr du mawr unllygeitawc ; 225 deu vilgi vronnwynnyon vrychyon ; 232 morwyn benngrech du ; pryt anuanawl agharueid ; trwyn byrr ffroenvoll ; brithlas tratheryll ; danned hiryon melynyon ; 234 tyreu aruchelualch ; palffre gloewdu ffroenuoll ymdeithic ; rygig wastadualch escutlym didramgwyd.

Ychydig iawn o ôl yr Araith sydd ar *Iarlles y Ffynnon*.
Heblaw cyfansoddeiriau naturiol a thraddodiadol megis *lludeticwisc* (164), *gwasgwyn du telediw* (185), *caeriwrch mawr telediw* (187), ni cheir ond :

163 deu was pengrych velyn ; 164 gwr penngrych melyn ; 181 peleidyr kadarnuras godeuawc.

Ceir mwy eto yng *Ngeraint*:

247 ebawluarch helyclei athrugar ; mackwy gwyneu ieuanc esgeirnoéth teyrneid, uchelualch drybelitffraeth gyssonuyr ; 248 march ucheldew ffroenuoll maswehyn kadarndrut ; march canwelw telediw ; pedestric wastatualch ; catuarch mawr tomlyt ; arueu trwm gloyw ; 2254 arueu trwm rytlyt dielw estronawl ; dyrnawt tostlym creulawndrut ; 255 llityawclym ; serigyluriw ; marwdost ; 259 marchawc mawr gochrwm penn issel goathrist ; arueu briwedic amdlawt ; 260 cymhellyat cadarndrut gwrawl milwryeid ; 263 kennadeu doethprud dyscediclawn ymadrawdlym ; 270 arueu trwm estronawl gloyw ; marchawc pendrwm goathrist . . llibin ; 272 marchawc llaestrist ; 273 geireu engiryawlchwerw ; rwyddir arucheldec gwastatlwys erdrym ; marchawc awyddrut kadarnffyryf y ar gatueirch cadarndew eskyrnbraf maswehynn ffroe[n]uolldrut ; marchawc llibindrwm goathrist ; 274 glaschwerthin digius engiriawlchwerw ; 275 maestir goamnoeth ; glasswas goaduein ; 281 cwymp agheuawlchwerw clwyfedicdost briwedicffyryf ; march mawr uchel ymdeithwastat hywedualch ; 282 gorulwng galonnawcdic ; kalettir erdrym aruchel dremhynuawr ; catuarch kadarndew kerdetdrut llydangarn bronehang ; dyrnodeu kyflymdic tostdrut kadarnchwerw ; 283 llidiawcdrut gyflymwychyr greulawnffyryf ; dyrnawt agheuawldost gwenwyniclym engiriawlchwerw ; 285 cerdet agkyghorus truan ; 288 dyrnawt tostlym athrugar angerdawldrut ; diaspat athrugar aruchel didaweldost ; 289 diaspat uawr arucheldost ; 290 catuarch ffroenuolldrut awyduawr esgyrnbraff ; dyrnodeu caletchwerw kyflymdrut.

Mae'n rhaid cofio bod *Breuddwyd Rhonabwy* dipyn yn fyrrach na *Pheredur* a *Geraint* ac ar gyfartaledd felly fod mwy o gyfuniadau areithiol ynddi nag yn y ddwy chwedl arall. Ond y mae rhethreg *Peredur* a *Geraint* yn fwy cywrain a nifer yr ansoddeiriau yn fwy lluosog.

A oes gennym offeryn yn y rhestri hyn i'n helpu i amseru'r gwahanol chwedlau ? A ellir dal bod absenoldeb Rhethreg yn profi hynafiaeth cyfarwydd-yd llafar hollol heb fawr o ymgais ymwybodol lenyddol am addurn ? Cytuna hyn â'r farn gyffredin mai'r *Pedair Cainc, Culhwch ac Olwen* a *Breuddwyd Maxen* yw'r chwedlau hynaf. A oes awgrym wedyn mai trefn y lleill o ran amser eu cyfansoddi yw (1) *Iarlles y Ffynnon*, (2) *Peredur*, (3) *Geraint*, (4) *Breuddwyd Rhonabwy* ? Peryglus fodd bynnag fyddai ceisio gwneuthur mwy na rhyw fras ddyddio'r pedair chwedl olaf a enwyd. Eithr gellir yn hyderus ddal eu bod yn ddiweddarach na'r *Pedair Cainc, Culhwch ac Olwen* a *Breuddwyd Maxen*, a bod presenoldeb cyn-yddol rhethreg yn dangos goruchafiaeth raddol y llenor yn cyfansoddi 'ystoria' yn ei gell ar y cyfarwydd yn traddodi chwedl ar dafod leferydd yng ngŵydd llys. Dyna beth sy'n esbonio'r ychwanegiad rhyfedd a geir ar ddiwedd *Breuddwyd Rhonabwy* : "a llyma yr achaws na wyr neb y vreidwyt, na bard na chyfarwyd heb lyuyr, o achaws y geniuer lliw a oed ar y meirch a hynny o amrauael liw odidawc ac ar yr aruev ac eu kyweirdebeu, ac ar y llenneu gwerthuawr a'r mein rinwedawl". Bernid hyd yn ddiweddar fod y frawddeg hon yn fath o apologia neu'n esboniad ar arbenigrwydd *Breuddwyd Rhonabwy* gan yr awdur ei hun, cf. Gruffydd, *Llenyddiaeth Cymru*, 64. Ym marn Gruffydd yr oedd amcan ymarferol gan y cyfarwyddiaid diweddaraf wrth ddefnyddio'r arddull rethregol, sef cadw allan o'r urdd gyfrinachol bobl anllythrennog na fyddai'n medru cofio'r rhesi o ansoddeiriau. Gwêl Saunders Lewis gyfeiriad at ryw elyniaeth oedd yn bod rhwng y cyfarwyddiaid a'r beirdd, a'r cyfarwyddiaid—y storïwyr—yn ceisio defnyddio celfyddyd ddisgrifiadol y beirdd, a hyn yn y diwedd yn lladd y chwedl Gymraeg wreiddiol (*Braslun*, 43). Ond tybiaf fod y ddamcaniaeth am yr anghydfod rhwng y llenorion rhyddiaith a'r crefftwyr barddoniaeth yn gorwedd ar seiliau rhy ansicr i'w derbyn yn gwbl ddiamod. Mae T. Parry yn llygad ei le pan awgryma (HLlG. 66) nad yw'r frawddeg olaf hon ym *Mreuddwyd Rhonabwy* yn ddim namyn glos neu ychwanegiad gan ryw gopïwr i geisio esbonio pam na thraddodid y cyfarwyddyd hwn ar lafar. Darllen *Breyddwyd Rhonabwy* a wneid ac nid ei hadrodd ar dafod leferydd. Diwedda'r chwedl yn y dull traddodiadol "a'r ystorya honn a elwir Breidwyt Ronabwy". Anfoddhaol, fodd bynnag, yw esboniad y glosiwr gan na fyddai'r *Breuddwyd* yn anos ei chadw ar gof na'r *Pedair Cainc* neu *Gulhwch ac Olwen*. Anhygoel i ni heddiw fyddai campau cofio yr hen gyfarwyddiaid yn y Canol Oesoedd, nid yng Nghymru yn unig ond yn Iwerddon a gwledydd Ewrob. Yr oedd yn rhaid i'r *fili* Gwyddeleg er enghraifft dreulio deuddeng mlynedd yn derbyn hyfforddiant a medru ar gof dri chant a hanner o storïau. A chofier fod y chwedlau Gwyddeleg yn cynnwys 'runs' rhethregol cywreiniach a hwy o lawer na dim sydd yn y straeon Cymraeg. Cymharer yr hyn a ddywed Henderson, golygydd *Fled Bricrend*, t. 169, am storïwyr yr Alban: "Similar runs abound in Campbell's 'West Highland Tales'. I have often

heard such recited ; it was quite astonishing to listen
to the rapid diction, to observe the big drops of sweat
which covered the reciter's brow. It needed a power-
ful memory and special training from childhood".
Gweler hefyd J. H. Delargy, *The Gaelic Story-Teller,*
Darlith Goffa Syr John Rhys, 1945.

Yn y cysylltiad hwn diddorol yw awgrym J. J. Parry
yn *Speculum,* V. 1930, 430, y gellid traddodi testun
maith fel *Brut y Brenhinedd* Sieffre o Fynwy ar lafar.
Ond ni fedraf ei ddilyn pan ymhelaetha a dweud "the
Dream of Rhonabwy . . seems to have been composed
as a test piece to show whether a man could carry in
his memory a difficult tale and reproduce it with verbal
felicity". Gwna Parry gam â champwaith llenyddol
trwy ei alw'n ymarferiad ysgol.

§3. Y Cefndir Hanesyddol.

Nodweddir hanes Cymru ym mlynyddoedd cyntaf
y ddeuddegfed ganrif gan flaenoriaeth Powys dan
feibion ac wyrion Bleddyn. Nid oedd Gruffudd
ap Cynan eto wedi atgyfodi Gwynedd a chafodd
llinach Powys gyfle i ymddyrchafu. Ond wedi
marwolaeth Owain ap Cadwgon ap Bleddyn yn 1116
dirywio a wnaeth cyflwr Powys, ond bod Maredudd
ap Bleddyn wedi llwyddo i ddyfod erbyn ei farw
yntau yn 1132 yn arglwydd ar holl Bowys. Dilyn-
wyd ef gan ei fab Madog a reolai o gyffiniau Caer
hyd ben uchaf cantref Arwystli, ac eithrio bod Hywel
ab Ieuaf yn is-frenin yn Arwystli a bod Madog wedi
rhoddi Cyfeiliog i'w neiaint Owain a Meurig yn
1149. Hanes Madog oedd ceisio cadw ei deyrnas

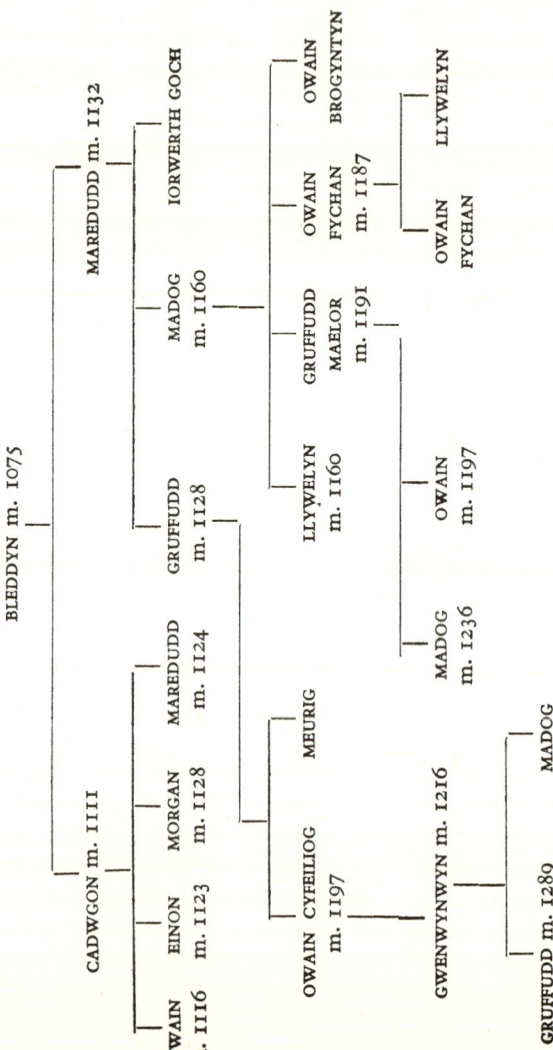

rhag gormes Gwynedd. Llwyddodd i wneud hynny trwy gymryd plaid Harri'r Ail, nid o unrhyw gariad at frenin Lloegr ond fel mater o bolisi allanol. Yr oedd Madog ac Owain Gwynedd ym mrwydr Lincoln yn 1141 yn tywys byddin o Gymry. Ond gelynion fu Owain a Madog am y rhan fwyaf o'u hoes gan fod Owain yn mynnu estyn Gwynedd ar draul Powys. Tywysog cryf a chyfrwys oedd Madog ac yn yr ymladd ar y goror cymerodd afael ar Groesoswallt yn 1149, a'i wneud ei hun yn arglwydd ar y tiroedd rhwng Ceiriog ac Efyrnwy. Yn yr un flwyddyn adeiladodd Owain gastell Buddugre yn Iâl a chynhyrfu Madog. Y flwyddyn wedyn collodd Madog frwydr yn erbyn Owain a daliodd yr olaf ei afael ar Iâl, Tegeingl ac Ystrad Alun. Dyna'r rheswm pam y gwelir Madog yn pleidio achos Harri'r Ail yn y cyrch a wnaeth ar Owain yn 1157. Collasai Madog Groesoswallt yn 1155 ond parhaodd ei gyfeillgarwch â Harri nes ei farw yn 1160. Ychydig ar ôl hyn bu farw ei fab Llywelyn, "y gwr a oed unic obeith y holl wyr Powys" (RBB. 322). Dyma ddiwedd ar undeb y dalaith. Ni bu Powys byth wedyn dan reolaeth un tywysog. Manteisiodd Owain Gwynedd ar wendid Powys i gymryd Edeirnion a Chyfeiliog.

Rhannwyd tiriogaeth Powys yn ôl yr arfer Gymreig rhwng ei feibion, ei frawd Iorwerth a'i nai Owain Cyfeiliog. Hanes y dalaith bellach yw anghydfod mewnol, brawd yn erbyn brawd, a nai yn erbyn ewythr a chefnder yn erbyn cefnder. Dyna'r hanes am yrru Iorwerth Goch allan o Fochnant gan ei neiaint, a chwedyn yn 1187 lladdwyd Owain Fychan, arglwydd Mechain, Cynllaith a Mochnant is Rhaeadr gan ei neiaint Gwenwynwyn a Chadwallon meibion Owain Cyfeiliog. Erbyn 1188 gwelir bod gogledd Powys dan reolaeth Gruffudd Maelor ap Madog a'r de dan reolaeth Owain Cyfeiliog.

Bu farw Gruffudd Maelor yn 1191 ac Owain Cyfeiliog yn 1197. Rhannwyd tiroedd Gruffudd rhwng ei feibion Madog ac Owain ond pan fu farw'r olaf yn 1197 daeth Madog yn berchen ar y cwbl o deyrnas ei dad. Etifeddodd Gwenwynwyn gyfoeth ei dad, Owain Cyfeiliog. Dyma ddechreuad y rhaniad parhaol rhwng gogledd a de Powys, rhwng Powys Fadog a Phowys Wenwynwyn, ac afonydd Rhaeadr a Thanat yn llinell derfyn rhyngddynt (HW. 584 a n.46). Dechreuodd Gwenwynwyn gyrchoedd yn erbyn gororau Lloegr, cymerodd afael ar Arwystli, ac ymyrrodd yn yr helynt a gyfodasai yn Neheubarth wedi marw'r Arglwydd Rhys yn 1197. Pleidiai Gwenwynwyn achos Maelgwn yn erbyn yr etifedd cydnabyddedig Gruffudd. Ac yntau wedi llwyddo mewn nifer o fân gyrchoedd fel hyn troes Gwenwynwyn ei sylw at farwniaid y Mars. Yng ngeiriau'r Brut "y ulwydyn honno yd aruaethawd Gwennwynwyn geissaw talu y hen deilygdawt y'r Kymry, a'e hen briodolder a'e teruyneu", RBB 341. Arfaeth uchelgeisiol ac un nas cyflawnwyd, oherwydd pan ymosododd ef ar Gastell Paen yn 1188 trechwyd ef gan y Saeson a lladdwyd miloedd o'i wŷr. A dyma ddechrau cyfnod helbulus yng ngyrfa Gwenwynwyn. Erbyn hyn dechreuasai Gwynedd ymysgwyd dan arweiniad Llywelyn ab Iorwerth (Llywelyn Fawr, ac

ŵyr, gyda llaw, i Fadog ap Maredudd). Gorweddai
goruchafiaeth Cymru bellach rhwng Llywelyn a
Gwenwynwyn a dechreuodd yr ornest yn 1202 . .
"y kyffroes Llywelyn uab Iorwoerth lu o Powys y
darestwg Gwenwynwyn idaw, ac y oresgynn y wlat.
Kanys kynn bei agos Gwenwynwyn idaw o gerennyd,
gelyn oed idaw herwyd gweithretoed," RBB. 343.
Cyfamodwyd y ddau dywysog ar y pryd ond enillodd
Llywelyn gantref Penllyn a dechrau cnoi ar diroedd
Gwenwynwyn. Polisi'r brenin John oedd chwarae
Gwenwynwyn yn erbyn Llywelyn a chafodd Gwen-
wynwyn faenor yn Swydd Derby. Nid hir y par-
haodd y cyfeillgarwch oherwydd gwelir Gwenwyn-
wyn yn ymosod ar y Mars tua diwedd 1202. Gwaeth-
ygu a wnaeth y berthynas rhwng tywysog Powys a
brenin Lloegr ac yn 1208 wedi dal Gwenwynwyn
daeth ei holl deyrnas dan ofal coron Lloegr. Mant-
eisiodd Llywelyn ar y cyfle, "y ulwydyn honno y delis
y brenhin Wenwynwyn yn Amwythic, ac y gor-
esgynnawd Llywelyn uab Iorwoerth y holl gyfoeth
a'e gestyll a'e lyssoed", RBB. 345. Cafodd Llywelyn
gerydd glastwraidd gan John ond nid ymddengys fod
y brenin yn barod i ymfyddino yn ei erbyn. Yn y
cyfamser yr oedd Gwenwynwyn yn byw ar gardod
John, HW. 623. Ond yn 1210 dechreuodd ymgyn-
hennu rhwng John a Llywelyn ac adferwyd ei diroedd
i Wenwynwyn. Ymunodd holl dywysogion Cymru
â'r brenin yn erbyn Llywelyn ac enillasant ryw fuddu-
goliaeth fyrdymor. Erbyn 1212 gwelwn Lywelyn
a Gwenwynwyn yn gwrthryfela yn erbyn John a
Llywelyn yn dyfod yn brif dywysog yng Nghymru.

Yn 1214 yr oedd barwniaid Lloegr yn anesmwytho a cheisiodd John yn ofer ennill cymorth y tywysogion Cymreig. Ond pleidio'r barwniaid gwrthryfelgar a wnaeth Llywelyn. Mynd o nerth i nerth yw hanes Llywelyn o hyn hyd 1216 a Gwenwynwyn yn talu gwrogaeth iddo. Ond nid oedd hyn wrth fodd Gwenwynwyn a dychwelodd at ei gyfeillach â John. Cafodd ei hen dir yn Swydd Derby a hefyd faenor Trefaldwyn. Nid hir y bu Llywelyn cyn dial ar Wenwynwyn, "a chyrchu Powys y ryuelu ar Wenwynwyn a'e yrru ar ffo hyt yn swyd Kaerlleon, a goresgyn y ·kyuoeth oll idaw ehun", RBB. 356. Bu farw Gwenwynwyn cyn diwedd y flwyddyn a phob gobaith am adfer Powys i'w hen ogoniant yn diflannu gydag ef. Ni allai ei faban ieuanc Gruffudd hawlio ei etifeddiaeth am flynyddoedd. Haul Gwynedd oedd yn y ffurfafen bellach a Phowys yn ddarostyngedig iddo. Telid gwrogaeth lwyr i Lywelyn Fawr gan holl dywysogion a phenaethiaid y dalaith : Maredudd yng Nghydewain, Llywelyn ac Owain meibion Owain Fychan ym Mechain, disgynyddion Owain Brogyntyn yn Edeirnion. Yr oedd Madog ap Gruffudd Maelor ym Mhowys Fadog yn gwbl ffyddlon i'w ben arglwydd. Ffarwel i annibyniaeth Powys a ffarwel i'r dyddiau gogoniannus pan reolai Madog Bowys "yn ei therfynau".

§4. Iaith.

Tynnodd Syr Ifor Williams sylw at y ffaith fod oddeutu dwsin o eiriau Ffrangeg ym *Mreuddwyd*

Rhonabwy, PKM xxxiii–iv. Gellid disgwyl gweld llif o eiriau Ffr. erbyn ail hanner y ddeuddegfed ganrif, ond ni ellir bod mor sicr ddarfod eu benthyca'n syth o enau'r Normaniaid. Cawsent amser i gartrefu yn Saesneg a gallesid eu benthyca trwy'r iaith honno. Y geiriau dan sylw yw *cordwal, baw, pali, swmer, swrcot, bwckram, ystondard* (?) *cwnsallt* (?) *syndal, lattwn, lactwn, cristal, asur, Gwilim*. Rhaid derbyn *pali* fel benthyciad Ffr., petrus yw *cordwal* (PKM xxxiii a 235), a geill *swmer* ddod o'r S. Beth am y lleill? Ansicr iawn yw tarddiad *cwnsallt*. Nid oes amheuaeth nad o'r Ffr., yn y pen draw, y daeth *swrcot, bwckram, ystondard, syndal, latwn, cristal* ac *asur*, ond anodd iawn penderfynu sut, ai'n union ai'n ail law. Mae *baw* a *Gwilym* yn sicr wedi dod yn syth o'r Ffr. (Gw. y Nodiadau am gyfeiriadau llawnach).

Er mwyn efrydwyr Cymraeg Canol buddiol efallai fydd y casgliadau isod o rai pwyntiau mewn ffurfiant a chystrawen.

Enw. Mae lluosog rhai enwau wedi newid mewn C.D.: brodoryon, pebylleu, trywyr, ynyssed, assennoed, llenneu, mein. Gwrywaidd yw *sarff*. Amrywia cenedl *breidwyt, breudwyt* mewn C.C.

Rhagenwau Mewnol. Ceir *y* 1. 8=*y y* 'to his'. Digwydd y ffurf *o'e*>*wy*>*yw*>*i'w* 1.20. Ceir rh.m. ar ôl *pan*: 4. 17, 19 pan y, 5.3 pan ym.

Ansoddair. Ac eithrio'r ffurfiau afreolaidd *cystal, kymeint*, ceir *ky-, kyn-* o flaen y radd gyfartal sydd yn diweddu yn -(*h*)*et* : kyn lasset, kyn uelynet, cyn gochet, kyn vrasset, kyn aruthret, ky ieuanghet

ky vawhet, ky gyfyghet, ky wynnet, ky helaethet.
Terfyniad y radd gymharol yw *-ach* ac ni chaledir
cytsain olaf yr ans. fel mewn C.D. : gwynnach,
breisgach, ryuedach a'r ffurf afreolaidd *gwaeth*,
Terfyniad y radd eithaf yw *-(h)af*: mwyaf,
teckaf, haccraf, hackraf, cochaf, kymhennaf, doeth-
af, gwynnaf, arbennickaf, calettaf, diwethaf,
dewraf. Digwydd *goreu* unwaith.

Ceir yr ans. yn cytuno mewn cenedl a rhif â'r
enw : (benywaidd) gwreic veinlas vechan 3.2-3 ;
breckan . . galetlom toll 3.15 ; llenlliein vrastoll
3.16 ; bydin burwenn 9.20-1 ; (lluosog) dynyon
bychein 5.29, 6.23-4 ; gweisson bychein 22-3,
16.11, 17.11 ; arueu trymyon 15.16 ; aruev trym-
leisson 16.25 ; llygeit rudgochyon 17.5 ; arueu
brychuelynyon 17.26-7.

Berf. Y ffurfiau berfol mwyaf diddorol yw'r 3ydd
person unigol, Gorff. Myn. Amrywia'r terfyn-
iadau. Heblaw furfiau arbennig megis *cymerth*,
1.6, 18 ; 9.7 ; *goruc*, 1.9, 3.5, 3.22, &c ; *dywawt*,
7.3, 8.20,9.2, 12.21, &c., ceir *-awd*: *gordiwedawd*
4.19 ; *-as*: *gwelas* 13.28 ; *-es*: *ffoes* 10.16 ; *ym-
choeles* 12.29, 13.24 ; *kyuodes* 21.1 ; *deffroes* 21.6 ;
-is: *gwarchetwis* 7.2 ; *trewis* 8.17 ; *erchis* 18.12,15,
20.20 ; *-wys*: *kynnigywys* 1.13 ; *disgynnwys* 3.19;
kysgwys 3.24 ; *ysgeinwys* 7.28 ; *kerdwys* 14.24 ;
kyfarchwys 12.19 (ond *kyuarchawd* 16.9) ; *gwasgwys*
18.13 ; *govynnwys* 18.18. Digwydd un enghraifft
o'r 3ydd lluos. yn *-ont*: *kychwynnyssont* 9.8.

Y geiryn berfol RY : (a) gyda berfenw : gwedy ry
yssu 2.17, 3.13 ; wedy ry wniaw 4.5, 4.11, 5.23 ;
ry daruot 14.14 ; ry uot 18.27 ; gwedy ry gyscu
21.7 ; (b) gyda berf : nys ryglywssei 3.30 ; o'r
gwahanei 7.18-9 ; neur disgynnassei 10.3 ; neur
derw 17.10.

Cystrawen.

BERF : Ceir dwy enghraifft o ddefnyddio'r Pres-
ennol Dramatig : Ac ual y dyrchefit y *kyuodant*
wynteu y'r awyr yn llidiawc . . . 14.26 ; a phan
edrychant y klywynt marchawc ar varch erchlas yn
dyuot attunt 15.11.

Ynglŷn â chytundeb y ferf a'r goddrych dylid
sylwi ar ferf luosog yn blaenori goddrych lluosog :
A hyt yn Nillystwn Trefan yn y rychtir hwnnw yd
ymrannassant y gwyr hynny 2.2 ; a berf luosog yn
blaenori goddrych torfol : ac y *kychwynnyssont y
llu* mawr hwnnw 9.18. Dangosodd yr Athro
Henry Lewis fod y teip hwn o frawddeg yn eithaf
rheolaidd a naturiol yn ein hen lenyddiaeth, 'Y
Ferf a'r Testun', ZCP 17. 107-12, a gw. *The
Sentence in Welsh*, 17.

Berfenw : gellir ei ddefnyddio yn lle berf bendant.
Os mynegir ei oddrych rhoir hwnnw dan reolaeth
yr arddodiad *o* : ac yna *dyuot o* Idawc ac wynteu
ygyt ac ef 6.20, ac *ymchoelut* penn y uarch drachefyn
tu a'e vydin 8.13, ac *ymchoelut o*'r Iarll y'r pebyll
11.3, a *dwyn o*'r gwas coch yr wydbwyll 11.27,
a *ryuedu o* Owein y'r mackwy gyuarch gwell idaw
ef 12.14 ; ac yno *dwyn* y gyghorwyr attaw 19.8.

C

Y Frawddeg Berthynol.

RHYWIOG : (1) Goddrychol. A'r rhagflaenydd yn cael ei fynegi : a blaenbren oed gan vn onadunt *a* gaffei vynet ar y croen hwnnw 2.25, 5.30, 11.4, 20.14. Bydd y ferf yn unig, gyda rhagfl. lluos. : a rodi yr assennoed *a* dathoed a'r teyrnget y'r beird 20.22, ond weithiau bydd y ferf yn cytuno â rhagfl. lluos. : yn gytneit y gostygassant y'r llawr am penn y gwyr *a* wnathoedynt lit . . udunt kyn no hynny 14.30, 18.26. Hepgorir *a* o flaen *oed* : a'r tri chymwt gorau *oed* ym Powys 1.23. Defnyddir y rhagenw dangosol *ar* yn rhagfl. o flaen *a* cadarnhaol a *ny* negyddol : ac *ar a* oed velyn o'e wisc ef a'e varch a oed kyn uelynet a blodeu y banadyl 5.24, pwy bynnac a vynno kanlyn Arthur bit heno yGhernyw gyt ac ef. Ac *ar nys* mynno bit yn erbyn Arthur hyt yn oet y gygreir 21.1. Ni fynegir y rhagfl. bob amser a rhaid ei ddeall : ac *a* oed las o wisc y marchawc a'e uarch a oed kyn lasset a deil y ffenitwyd, ac *a* oed velyn ohonei a oed kyn uelynet a blodeu y banadyl 4.10, 20.23.

(2) Gwrthrychol. Gyda'r rhag. dangos. '*r* (ar ôl *o*), *ar* (o flaen *ny*) yn rhagfl. : a phan dywettei Arthur yr ymadrawd teckaf wrthyf o'*r a* allei . . 5.7, 13.3, ac *ar ny* las onadunt wynt a vrathwyt ac a vriwyt 13.27. A'r rhagfl. yn ddealledig : dyuot cof yti *a* weleist yma heno 7.6, 12.26, 14.23. Am ddefnyddio *a* ar ôl gradd eithaf ansoddair gw. nod. 5.1.

AFRYWIOG : (1) Genidol : ac vn o genedueu y llenn oed, y dyn *y* dottit yn *y* gylch, ny welei neb euo ac euo a welei bawp 11.20.

(2) a'r elfen berthynol dan reolaeth arddodiad : ac ny vydei da idaw ar teulu ym Poyws *ar ny* bei da *idaw* yn y rychtir hwnnw 1.24, pwy y gwr gwineu *y* deuthpwyt *attaw* gynneu ? 20.6, 20.8.

(3) a'r geiryn perthynol yn mynegi'r cyflwr traws, megis ar ôl *lle* : yn dyuot tu a'r lle *yd* oed yr amherawdyr ac Owein yn gware gwydbwyll 12.11 (sylwer mai *yd* a geir mewn C.C. ac nid *yr*) ; 14.11.

Hawl ac Ateb.

UNIONGYRCHOL. Gyda'r geiryn gofynnol *a* : *a* dywedy ynn pwy wyt ? 4.22, 4.26, 7.3, 11.25 Gyda *pwy, beth,* neu *pa* + enw (dilynir gan frawddeg berth. rywiog neu afrywiog yn ôl gofynion y gystrawen) : *pa ystyr* y'th elwir ditheu velley ? 4.28, *pwy* oed y marchawc hwnn ? 6.3, 6.23, 6.27, 8.8, 8.17, 11.4, 20.9. Nid rhaid berf bob amser ar ôl *pwy* : *pwy* y marchawc gynneu ? 8.14, 9.2, 9.20, 9.29, 20.6. Defnyddir *pieu* yn y gystrawen gysefin heb *pwy* a heb ferf gan fod y ffurf yn cynnwys ynddi ei hun y rhag. gofynnol *pi* 'i bwy', ac *eu* 3ydd pers. un. Pres. Myn. y ferf *bod* : *pieu* y vydin racko ? 7.10. Pan fo pwyslais ar air arbennig rhoir y ffurf *ae* o'i flaen : *ae* ffo a wna y llu ragof ? 10.15, 12.22, 13.18. Defneddir y ffurf *ponyt* (C.D. *onid*) heb y ferf *bod* : *ponyt* cam gwarauun y'r gwas ieuanc a rodei gyghor ky helaethet a hwnn vynet yg kyghor y arglwyd? 20.26. Mewn cwestiwn dwbl ceir *ae* . . *ae* : paham y treweist ti vy march i, *ae* yr amarch y mi *ae* yr kyghor arnaf? 8.6.

ANUNIONGYRCHOL. Gyda'r geiryn gofynnol *a* : ac yn gofyn y Idawc *a* gaffei ran o'r dynyon bychein hynny gantaw 5.28, gyda *pwy*, &c. : ac ymgyhgor ac wynt *beth* a wnelei am hynny 1.10, 2.26, 4.22. *ae* . . *ae* mewn cwestiwn dwbl : a dewis di *ae* kerdet *ae* na cherdych 8.26 (gw. n.).

Cymal Adferfol. (1) Amser - *kyn* + berfenw : ac eissoes teirnos *kynn* gorffen y Gatgamlan yd ymedeweis ac wynt 5.12 ; *pan* : a *phan* doethant parth a'r ty sef y gwelynt hen neuad . . a *phan* doethant y mywn y gwelynt lawr . . 2.9, 2.18, 3.11, 4.16.

(2) Lle : gw. uchod dan y frawddeg berthynol.
(3) Achos : a Ronabwy, *hyt na* allei na chyscu na gorffowys 3.21 (gw, n.) ; *kan* rodeist nawd ynn a dywedy ynn pwy wyt 4.22 ; ac *rac* llad meibon teyrned Ynys Prydein a'e gwyrda y erchi tagnefed . . . 5.5 ; (4) Pwrpas : *y* + berfenw. (5) Canlyniad : *hyt na* : . . . y byryei arffedeit o'r us am penn y tan *hyt nat* oed hawd y dyn . . . diodef y mwc hwnnw yn mynet y mywn y dwy ffroen 2.21, 3.7, 17.12 ; *yny* : ac yn brathu march yn y ryt *yny* ysgeinwys y dwfyr am penn Arthur a'r escob . . . *yny* oedynt kyn wlypet a chyt tynnit o'r auon 7.27, 18.14. (6) Amod : *o* : ac *o'r* gwahanei vn o'r marchogyon ywrth y vydin honno . . . 7.18 ;

pei : a *phei* na welut ti y maen ny doei gof ytti dim o hynn o dro 7.7, 10.16. (7) Cymhariaeth (a) dull : . . . bot yn gedymdeith udunt *ual* y bum ynneu 6.1 ; (b) gradd : . . . namyn truanet gennyf vot dynyon ky vawhet a hynny yn gwarchadw yr ynys honn gwedy gwyr *kystal ac a'e gwarchetwis* gynt 6.28, 7.30, 9.2, 9.3, 11.18, 14.16.

Ansoddair. Ffurfir math o gymal adferfol achos trwy ddefnyddio *rac* gyda gradd gyfartal ansoddair : abreid y glynei dyn arnaw *rac llyfnet* y llawr gan vissweil gwarthec 2.13, 3.9, a *rac druttet* 4.13, ac *rac vy chwannocket* y vrwydyr 5.1, *rac y aruthret* 11.1. Ceir cymal adferfol addefiad gydag *yr* (*er*) + gradd gyfartal ans. : . . . mal yd oed aruthur y vilwr, *yr kadarnet* vei y gallon, edrych yn wyneb y llewpart 16.1. Defnyddir y radd gyfartal i ddynodi syndod : nyt chwerthin a wnaf, namyn *truanet* gennyf vot dynyon ky vawhet a hynn yn gwarchadw yr ynys honn . . . 6.28.

§5. Amseru *Breuddwyd Rhonabwy*.

Pryd y cyfansoddwyd *Breuddwyd Rhonabwy* ? Mae amrywiaeth barn, a chanrif rhwng y ddau begwn eithaf. Yn ôl Nutt, LG. 346, "it may fairly be asserted I think, that *Rhonabwy's Dream* was composed, if not in Madawc's lifetime, at least very little after his death, as it would otherwise be difficult to imagine why it should be associated with these particular chieftains" [Madog a'i frawd]. Yr un yw barn Loth, Mab. i 29 :

"Le *Songe de Rhonabwy* semble avoir été composé du vivant de Madawc ab Maredudd ... qui mourut en 1159, ou peu aprés sa mort." Felly hefyd T. Gwynn Jones, *Llenyddiaeth y Cymry*, 45. Yn ddiweddar cynigiwyd amseriad arall gan T. Parry, HLlG. 66: "Bu Madog farw yn 1160, a chan mai teg tybio fyned peth amser heibio rhwng ei farw a defnyddio'i enw mewn chwedl, prin y gellir credu ei hysgrifennu cyn canol y drydedd ganrif ar ddeg." Mae gennym ddewis felly rhwng tua 1150-60 a 1250.

Craffodd pawb ar y cyfeiriadau hanesyddol, a dyry'r rhain inni y *terminus a quo*, sef 1150-60. Hynny yw, ni allesid cyfansoddi *Breuddwyd Rhonabwy* yn y ffurf y mae gennym cyn yr adeg honno. Yn awr, ni chredaf y gellir yn rhesymol amau nad gŵr o Bowys a gyfansoddodd y *Breuddwyd*. Dyna'r cyfeiriadau at Fadog ac Iorwerth yn un peth, a chwedyn dyna ddaearyddiaeth fanwl y chwedl—a phob un o'r lleoedd yn Mhowys. Diau hefyd nad mympwy a barodd ddewis Rhyd y Groes ar Hafren am wersyllfa Arthur cyn ymladd brwydr Baddon. Mater o falchder gogoniannus i bob Powyswr fyddai cofio am y frwydr enwog arall a ymladdwyd ar Ryd y Groes yn 1039, pan drechwyd gwŷr Mercia yn drwyadl (gw. n. 3. 18). Credaf hefyd fod tinc o hiraeth ym mrawddeg gyntaf y chwedl. Digon gwir mai'r dull traddodiadol o ddechrau chwedl yw dweud bod Madog yn rheoli Powys, ond eir ymlaen i fanylu— rheolai ef Bowys yn ei therfynau, sef o Borffordd hyd eithaf Arwystli. Holl arwyddocâd y *Breuddwyd* yw'r pwyslais a roddir ar y gwahaniaeth dirfawr rhwng bychander oes yr awdur a gogoniant yr oes a fu, rhwng y 'dynion bychain' a'r arwyr Arthuraidd enfawr. *Laudator temporis acti*, fel y dywed Saunders Lewis, yw awdur y *Breuddwyd*, gŵr na wêl ddim daioni yn yr oes bresennol o'i chymharu â'r hen ddyddiau godidog. Darlun o Bowys yw tŷ ffiaidd, drewllyd Heilyn, a Rhonabwy druan a'i gymdeithion mor fychain a distadl nes peri i Arthur wenu'n dosturiol arnynt. A oes rhywbeth yn hanes y cyfnod a all esbonio'r gymhariaeth hon? Credaf gyda T. Parry fod yn rhaid tybio treiglo peth amser cyn y byddai'n addas i gyfarwydd ddefnyddio enw Madog ap Maredudd, ond tybiaf fod tua 1250 braidd yn hwyr. Gwelwyd yn y pennawd ar y cefndir hanesyddol fod cyflwr Powys yn graddol ddirywio wedi oes Madog. O 1160 ymlaen diflanna ei hannibyniaeth a'i hunoliaeth trwy rym anghydfod mewnol ac ymosodiadau allanol. Er mor ddi-les yn y pen draw oedd ymdrechion Gwenwynwyn, pan fu farw ef yn 1216 darfu am bob gobaith y gwelid Powys eto yn dywysogaeth unedig annibynnol. Onid cyfnod du iawn oedd hwn i ŵr o Bowys, a holl benaethiaid ei wlad yn gwrhau i Lywelyn ab Iorwerth? Oni fyddai cyfarwydd yn ddigon call i beidio â llidio ei noddwyr, tywysogion Powys, trwy gyfeirio'n rhy amlwg at yr agendor rhwng ei oes ef ac oes aur Arthur? Byddai, ond gallai osgoi hynny trwy sôn am ddyddiau Madog ac Iorwerth, a lladd dau aderyn â'r un ergyd. Ymddengys i mi felly ddarfod cyfansoddi *Breuddwyd Rhonabwy* tua 1220-5.

Os rhown y *Breuddwyd* mor ddiweddar â hyn cyfyd pwnc diddorol iawn. Nid oes sicrwydd hollol am amseriad y chwedlau Arthuraidd eraill, sef *Iarlles y Ffynnon, Peredur* a *Geraint*. Y ddamcaniaeth a wedda yn orau i'r ffeithiau ydyw tybio eu bod yn defnyddio hen chwedlau Ffrangeg a ddefnyddid hefyd gan Chrétien de Troyes. Dyna sy'n esbonio y wedd Ffrengig sydd arnynt a phaham y mae cymaint o anghytundeb rhyngddynt a cherddi Chrétien. Rhaid tybio eu cyfansoddi rywbryd cyn diwedd y ddeuddegfed ganrif. Os rhown ni *Freuddwyd Rhonabwy* yn 1220 (neu yn 1250 gyda T. Parry), paham nad oes wedd Ffrengig ar gymeriad Arthur a'i farchogion yn y chwedl honno, sef y niwlogrwydd, y sifalri, ac yn y blaen? Gellid ateb efallai nad oedd awdur y *Breuddwyd* yn gydnabyddus â'r tair stori arall, ond ni byddai hynny'n gwbl foddhaol. Dyma hwyrach beth a ddigwyddodd. Yr oedd y breuddwyd ei hun, sef disgrifio Arthur a'i filwyr, y chwarae gwyddbwyll, a'r hanes am Owain a'i frain yn rhan o hen draddodiad, cyn bod y cyfarwyddiaid yn mynd i Ffrainc am ysbrydoliaeth. Cymerodd awdur *Breuddwyd Rhonabwy* yr hen draddodiad hwn yn ei grynswth ac ychwanegodd ato, er mwyn ei ddibenion ei hun, yr hanes am Ronabwy yn mynd ar gais ac yn breuddwydio, a gwneuthur yr hanes newydd hwn yn ffrâm i'r hen chwedl gan asio'r ddwy ran yn ddeheuig eithriadol (cf. T. Gwynn Jones, "Some Arthurian Material in Celtic", *Aberystwyth Studies*, VIII. 79). Eglurai hynny paham mai Arthur y traddodiad Cymreig sydd ym *Mreuddwyd Rhonabwy* ac nid Arthur Ffrengig y rhamantau eraill.

Os cywir y syniadau uchod gwelir nad ydynt yn cytuno â daliadau Saunders Lewis fod y cyfarwyddiaid Cymraeg wedi cyflawni hunan-laddiad trwy fenthyca celfyddyd ddisgrifio y beirdd, ac mai o achos hynny y troes y chwedleuwyr at wledydd eraill am eu defnydd. (*Braslun*, 43-4). A derbyn bod amseriad *Breuddwyd Rhonabwy* yn ddiweddarach na'r chwedlau Arthuraidd Ffrengig rhaid fod y cyfarwyddiaid wedi dechrau yfed o ffynhonnell estron cyn llwyr ddisbyddu eu hadnoddau eu hunain. A dylid cofio bod llenorion Cymru yn anhraethol well crefftwyr na Chrétien de Troyes.

§6. Crefft *Breuddwyd Rhonabwy*.

Yr hyn sy'n taro pawb wrth ddarllen *Breuddwyd Rhonabwy* yw'r crefftwaith gorffenedig, y cynllunio perffeithgrwn. Ceisiwyd dangos uchod fod y ffynonellau llenyddol yn amryw ond nad ydynt yn gymaint o dwf canrifoedd â'r *Pedair Cainc* a *Chulhwch*, dyweder. Cafodd awdur *Breuddwyd Rhonabwy* ei ddefnydd yn barod i'w law i raddau helaeth ac y mae ei glytio a'i asio yn llawer mwy celfyddydol a llwyddiannus na gwaith y cyfarwyddiaid cynharaf. Dau ddarlun sydd yn y chwedl, y naill yn disgrifio hacrwch a ffieidd-dra a diffyg moesgarwch a'r llall yn ymhyfrydu mewn lliwiau ysblennydd a gwisgoedd gwerthfawr a holl rwysg byd dychmygol Arthur. Sylwer ar gydbwysedd yr hanes am y chwarae gwyddbwyll.

Daw tri macwy yn eu tro i ddatgan i Owain fod ei
frain yn cael eu difa, daw tri marchog wedyn y naill
ar ôl y llall i hysbysu Arthur am y galanastra a wneir
ar ei wŷr ef. Bydd yn werth manylu ychydig ar
dechneg y darluniau hyn. Yr un yw'r amlinelliad
dro ar ôl tro ond bod y manylion yn amrywio ryw
ychydig bach ym mhob darlun—lliw gwahanol neu
ddefnydd gwahanol. Maent yn debyg iawn i
gyfansoddiad cerddorol lle'r erys y thema wreiddiol
heb ei newid ond bod amrywiadau ar y thema honno.
Dechreua'r disgrifiad o facwyaid Owain â'r babell y
deuant ohoni, a'r ddelw sydd ar ben pob pabell
(sarff, llew, eryr). Yna gwallt y macwyaid, eu
llygaid a'u barf neu eu pryd. Peisiau sydd gan y ddau
facwy cyntaf ond llen a gwaell ynddi gan y trydydd.
Gwisgant hosanau o ddefnydd gwahanol a'r ddau
gyntaf yn gwisgo gwintasau ond yr olaf ag esgidiau.
Disgrifir cleddyf, gwain a swch gwain y ddau facwy
cyntaf, ond paladr sydd gan y trydydd. Ef yw'r
llumanydd, y gŵr sy'n arwain baner Owain yn nydd
cad ac ymladd.

Tri marchog sy'n dwyn negeseuon at Arthur a cheir
felly ddisgrifiad o'u meirch a'u harfau. Yna ceir
cwnsallt y marchog a'i farch. Dygant gleddyf ill
tri, a disgrifir gwain a swch gwain y ddau farchog
cyntaf. Rhoir sylw arbennig i wregys y cleddyf gan
gynnwys y waeg a'r balawg. A chwedyn yn wahanol
i facwyaid Owain gwisga marchogion Arthur helmau
ac ar y rheiny y mae'r gwahanol ddelwau (llewpart,
llew ac aderyn egrifft). Wedyn daw'r paladr a'i ben
yn goch gan waed y brain.

Dyma waith gŵr a oedd yn feistr llwyr ar ei grefft, gŵr a driniai eiriau yn synhwyrus gan lawn werthfawrogi effaith cydbwysedd a chymhariaeth a gwrthgyferbyniad. Mae'n bwysig cofio mai chwilio am effaith ar glust ac nid ar lygad y byddai'r cyfarwyddiaid, yn union fel y gwnâi'r beirdd. Cynulleidfa o wrandawyr oedd ganddynt ac nid darllenwyr.

Nid mewn disgrifio yn unig yr oedd cryfder awdur y *Breuddwyd*. Ond chwarae teg iddo, nid oedd ganddo lawer o gyfle i ddangos ei fedr fel adroddwr hanes o achos ei gyfyngu ei hun gan ei gynllun. Lle y mae'n rhaid iddo adrodd stori, fel yn yr hanes am erlid Rhonabwy a'i gymdeithion gan Iddawg, dengys ef ddawn y cyfarwyddiaid Cymraeg ar ei gorau. Mae'r march enfawr sydd yn medru gwthio dynion oddi wrtho pan fo'n anadlu a'u tynnu'n ôl ato wedyn yn dangos asbri a dychymyg teilwng o awdur *Culhwch ac Olwen* a'i gymeriadau megis Sugn fab Sugnedydd a Threm fab Tremidydd. Mae tipyn o symud a chyffro wedyn yn y disgrifiad o'r ymladd rhwng y brain a'r milwyr, a'r teimlad bod rhywbeth anocheladwy anorfod ar ddigwydd yn cynyddu gydag ymddangosiad pob macwy a phob marchog. Mae cynildeb cwta yr ymddiddan rhwng Arthur ac Owain yn ychwanegu at y teimlad hwn : ' "Arglwydd", heb Owein, "gwahard dy wyr os da gennyt". "Gware dy whare." heb yr amherawdyr' ; ac yn ddiweddarach : 'ac edrych a oruc Arthur ar Owein a dywedut, "Gwahard dy vrein". "Arglwyd", heb yr Owein, "gware dy chware" '. Nid yw geiriau Saunders Lewis am y chwedl yn gwneuthur cwbl chwarae teg â hi. Gormodiaith yw dweud "Ni cheid ynddi ddatblygiad hanesiol o gwbl. Nid adroddir dim. Y mae'n hollol statig". (*Braslun*, 43).

Ceir ym *Mreuddwyd Rhonabwy* rywfaint o ddarlunio cymeriad. Ar ôl ei ddychryn cyntaf y mae tafod Rhonabwy yn ddigon ffraeth a hola Iddawg yn ddigon eofn. Mae rhywbeth swynol iawn yn *naïveté* ei gwestiwn "ae ffo a wna y llu ragof?" Iddawg yw'r hyfforddwr cwrtais ac amyneddgar sy'n cywiro cam-dybiadau Rhonabwy yn berffaith foneddigaidd gyda rhyw falchder tawel yn Arthur a'i lu. Rhaid bod ei flynyddoedd o benydio yn y Llech Las wedi lliniaru tipyn ar ei natur wenwynig !

Nid yw awdur *Breuddwyd Rhonabwy*, fwy nag awdur *Culhwch ac Olwen*, yn trin ei ddefnydd gyda'r un parchedig ofn ag awdur y *Pedair Cainc*. Dyna sy'n cyfrif am yr elfen watwarus, y 'darlun anarwrol' o Arthur, y marchog yn ysgeintio dŵr o'r afon am ben yr ymherodr, y beirdd yn canu ei glod wedi iddo chwarae gwyddbwyll. Yr oedd y cyfarwydd hwn yn ŵr digon iach ei hiwmor a'i synnwyr cyffredin i fedru chwerthin am ben digwyddiadau fel hyn. A dyna gic fach slei wrth fynd heibio i'r beirdd nad oedd ond un gŵr yn yr holl lu yn gwybod beth a ganent. Chwerthin am ben iaith dywyll a henffasiwn y Gogynfeirdd a wneir yma.

Byr iawn yw'r epilog i'r *Breuddwyd*. Gorffennir yn syml ac yn swta trwy ddweud bod Rhonabwy yn deffro wedi cysgu tridiau a theirnos ar groen y dyniawed melyn. Gallesid disgwyl dychweliad at dŷ Heilyn Goch a rhyw hanes pellach am y cais. Ond mae'n amlwg fod yr awdur wedi cyflawni ei orchwyl—mae wedi rhoddi'r ddau ddarlun, y gwrthgyferbyniad hwnnw a oedd yn hanfodol i'w gynllun, a darfu ei chwedl yn ei blas. *Jeu d'esprit* yw *Breuddwyd Rhonabwy,* a'r llenor a'r brogarwr wedi ymgyfuno i roi inni em o lenyddiaeth Gymraeg y Canol Oesoedd.

GWLAD RHONABWY

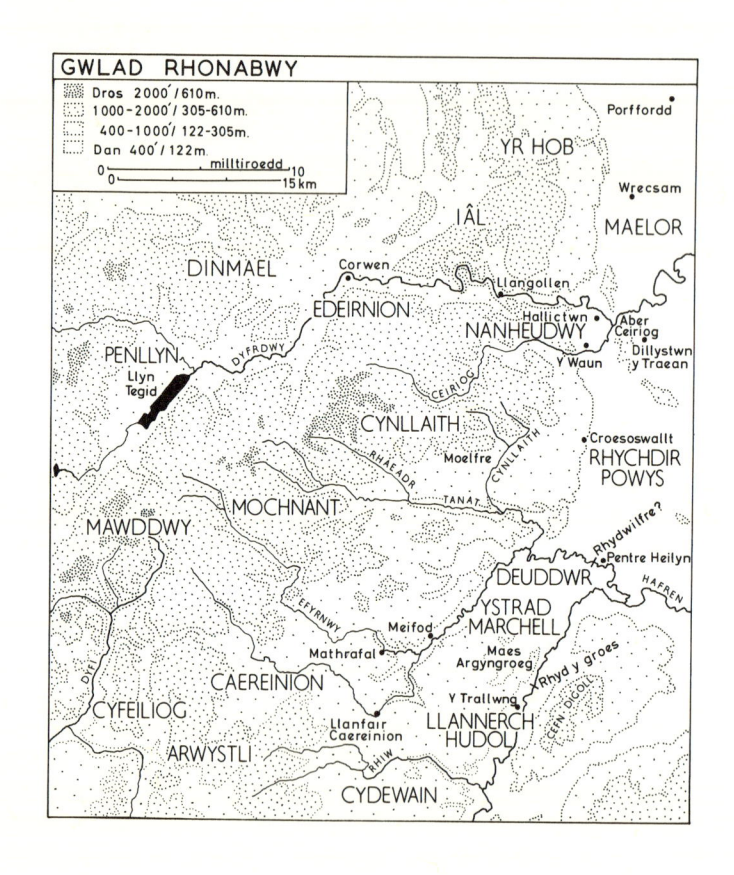

- Dros 2000'/610m.
- 1000-2000'/305-610m.
- 400-1000'/122-305m.
- Dan 400'/122m.

0 — 10 milltiroedd
0 — 15 km

Porffordd

YR HOB

Wrecsam

IÂL

MAELOR

DINMAEL

Corwen

EDEIRNION

Llangollen

Hallictwn • Aber Ceiriog

NANHEUDWY

Dillystwn y Traean

PENLLYN

Llyn Tegid

DYFRDWY

Y Waun

CEIRIOG

CYNLLAITH

Croesoswallt

RHAEADR

Moelfre

CYNLLAITH

RHYCHDIR POWYS

MAWDDWY

MOCHNANT

TANAT

Rhydwilfre?

Pentre Heilyn

DEUDDWR

EFYRNWY

Meifod

YSTRAD MARCHELL

HAFREN

Mathrafal

Maes Argyngroeg

DYFI

CAEREINION

Rhyd y groes

CEFN DIGOLL

CYFEILIOG

Llanfair Caereinion

V Trallwng

LLANNERCH HUDOL

ARWYSTLI

RHIW

CYDEWAIN

BREUDWYT RONABWY

[555][1] Madawc uab Maredud a oed idaw Powys
yn y theruyneu. Sef yw hynny, o Porford hyt
yg Gwauan yg gwarthaf Arwystli. Ac yn yr
amser hwnnw brawt a oed idaw, nyt oed kyuurd
gwr ac ef. Sef oed hwnnw, Iorwoerth uab
Maredud. A hwnnw a gymerth goueileint
mawr yndaw a thristwch o welet yr enryded
a'r medyant a oed y vrawt ac ynteu heb dim. Ac
ymgeissaw a oruc a'e gedymdeithon a'e vrodor-
yon maeth, ac ymgyghor ac wynt beth a wnelei
am hynny. Sef a gawssant yn eu kyghor,
ellwng rei onadunt y erchi gossymdeith idaw.
Sef y kynnigywys Madawc idaw, y pennteulu-
aeth a chystal ac idaw ehun, a meirch ac arueu
ac enryded. A gwrthot hynny a oruc Iorwoerth,
a mynet ar herw hyt yn Lloeger, a llad kalaned
a llosgi tei a dala karcharoryon a oruc Iorwoerth.
A chyghor a gymerth Madawc a gwyr Powys
ygyt ac ef. Sef y kawssant yn eu kyghor, gossot
kanwr ym pop tri chymwt ym Powys o'e
geissaw. A chystal y gwneynt rychtir Powys,
o Aber Ceirawc yn Hallictwn vet yn Ryt
Wilure ar Efyrnwy a'r tri chymwt goreu oed
ym Powys. Ac ny vydei da idaw ar teulu ym

[1]Cyfeiria'r rhifau mewn bachau petryal at golofnau'r Llyfr
Coch.

Powys ar ny bei da idaw yn y rychtir hwnnw.
A hyt yn Nillystwn Trefan yn y rychtir hwnnw
yd ymrannassant y gwyr hynny.

A gwr a oed ar y keis hwnnw, sef oed y enw,
Ronabwy. [556] Ac y doeth Ronabwy a
Chynnwric Vrychgoch, gwr o Vawdwy, a Chad-
wgawn Vras, gwr o Voelure yg Kynlleith, y ty
Heilyn Goch uab Kadwgawn uab Idon, yn ran.
A phan doethant parth a'r ty, sef y gwelynt hen
neuad purdu tal unyawn, a mwc ohonei digawn y
ueint. A phan doethant y mywn y gwelynt lawr
pyllawc anwastat; yn y lle y bei vrynn arnaw
abreid y glynei dyn arnaw rac llyfnet y llawr gan
vissweil gwarthec a'e trwnc. Yn y lle y bei
bwll, dros vynwgyl y troet yd aei y dyn gan
gymysc dwfyr a thrwnc y gwarthec. A gwrysc
kelyn yn amyl ar y llawr, gwedy ry yssu o'r
gwarthec eu bric. A phan deuthant y kynted y
ty y gwelynt partheu llychlyt goletlwm, a
gwrach[1] yn ryuelu ar y neillparth. A phan delei
annwyt arnei y byryei arffedeit o'r us am penn
y tan hyt nat oed hawd y dyn o'r byt diodef y
mwc hwnnw yn mynet y mywn y dwy ffroen.
Ac ar y parth arall y gwelynt croen dinawet
melyn ar y parth. A blaenbren oed gan vn onad-
unt a gaffei vynet ar y croen hwnnw.

A gwedy eu heisted gofyn a orugant y'r wrach
pa du yd oed dynyon y ty, ac ny dywedei y wrach
wrthunt namyn gwrthgloched. Ac ar hynny

---

[1] *gwrwrach* RM

nachaf y dynyon yn dyuot, gwr coch goaruoel
gogrispin, a beich gwrysc ar y gefyn, a gwreic
veinlas vechan, a chesseilwrn genti hithev. A
glasressawu a wnaethant ar y gwyr. A chynneu
tan gwrysc udunt a mynet y pobi a oruc y wreic, 5
a dwyn y bwyt udunt, bara heid a chaws a glas-
twfyr llefrith. Ac ar hynny nachaf dygyuor o
wynt a glaw hyt nat oed hawd y neb vynet y'r
aghenedyl. Ac rac an[557]nesmwythet gantunt
eu kerdet dyffygyaw a orugant a mynet y gysgu. 10
A phan edrychwyt y dyle nyt oed arnei namyn
byrwellt dysdlyt chweinllyt, a boneu gwrysc yn
amyl trwydaw, a gwedy ry ussu o'r dinewyt y
meint gwellt a oed uch eu penneu ac is eu traet
arnei. Breckan lwytkoch galetlom toll a dannwyt 15
arnei, a llenlliein vrastoll trychwanawc ar uchaf
y vreckan, a gobennyd lletwac a thudet govudyr
idaw ar warthaf y llenlliein. Ac y gyscu yd
aethant. A chyscu a disgynnwys ar deu gedym-
deith Ronabwy yn trwm, gwedy y goualu o'r 20
chwein a'r annesmwythder. A Ronabwy, hyt na
allei na chyscu na gorffowys, medylyaw a oruc
bot yn llei boen idaw mynet ar groen y dinawet
melyn y'r parth y gysgu. Ac yno y kysgwys.

Ac yn gytneit ac yd aeth hun yn y lygeit y rodet 25
drych idaw y vot ef a'e gedymdeithon yn kerdet
ar traws Maes Argygroec, a'e ohen a'e vryt a
debygei y uot parth a Ryt y Groes ar Hafren.
Ac val yd oed yn kerdet y clywei twryf, a chyn-
heb[yg]rwyd y'r twryf hwnnw nys ryglywssei 30

D

eiryoet. Ac edrych a oruc dra'e gefyn. Sef y gwelei gwraenc penngrych melyn a'e varyf yn newyd eillaw, y ar varch melyn. Ac o penn y dwygoes a thal y deulin y waeret yn las. A pheis o bali melyn am y marchawc, wedy ry wniaw ac adaued glas. A chledyf eurdwrn ar y glun, a gwein o gordwal newyd idaw, a charrei o ledyr ewic a gwaec erni o eur. Ac ar warthaf hynny llenn o pali melyn wedy ry wniaw a sidan glas, a godreon y llenn [yn] las, ac a oed las o wisc y marchawc a'e uarch a oed kyn lasset a deil y [558] ffenitwyd, ac a oed velyn ohonei a oed kyn uelynet a blodeu y banadyl. A rac druttet y gwelynt y marchawc dala ofyn a wnaethant a dechreu ffo. Ac eu hymlit a oruc y marchawc. A phan rynnei y march y anadyl y wrthaw y pellaei y gwyr y wrthaw. A phan y tynnei attaw y nesseynt wynteu attaw hyt ym bron y march. A phan y gordiwedawd erchi nawd a orugant idaw. "Chwi a'e keffwch yn llawen, ac na vit ofyn arnawch". "Ha, vnbenn, kan rodeist nawd ynn, a dywedy ynn pwy wyt?" heb y Ronabwy. "Ny chelaf ragot vyg kystlwn. Idawc uab Mynyo. Ac nyt o'm henw y'm clywir yn vwyaf, namyn o'm llysenw". "A dywedy di ynni pwy dy lyssenw?" "Dywedaf. Idawc Cord Prydein y'm gelwir". "Ha, vnbenn", heb y Ronabwy, "pa ystyr y'th elwir ditheu velly?" "Mi a'e dywedaf itt yr ystyr. Vn oedwn o'r kenadeu yg Katgamlan y rwng Arthur a Medrawt y nei. A gwr ieuanc drythyll

oedwn i yna, ac rac vy chwannocket y vrwydyr
y tervysgeis y rygtunt. Sef y ryw teruysc a
orugum, pan ym gyrrei i yr amherawdyr
Arthur y venegi y Vedrawt y uot yn datmaeth
ac yn ewythyr idaw, ac rac llad meibon teyrned
Ynys Prydein a'e gwyrda, y erchi tagnefed.
A phan dywettei Arthur yr ymadrawd teckaf
wrthyf o'r a allei y dywedwn ynneu yr ymad-
rawd hwnnw yn haccraf a allwn wrth Vedrawt.
Ac o hynny y gyrrwyt arnaf ynneu Idawc Cord
Brydein. Ac o hynny yd ystovet y Gatgamlan.
Ac eissoes teirnos kynn gorffen y Gatgamlan yd
ymedeweis ac wynt, ac y deuthum hyt ar y Llech
Las ym Prydein y penytyaw. Ac yno y bum
seith mlyned yn penydyaw. A thrugared a
gefeis". Ar hynny nachaf y clywynt twryf
oed vwy o lawer no'r twrwf gynt. A phan
edrychassant tu a'r twryf nachaf was melyn-
goch ieuanc heb varyf a heb [559] drawsswch
arnaw, a gosged dylyedawc arnaw y ar varch
mawr. Ac o penn y dwy ysgwyd a thal y deulin
y waeret y'r march yn velyn. A gwisc ymdan
y gwr o pali coch gwedy ry wniaw a sidann
melyn, a godreon y llen yn velyn. Ac ar a oed
velyn o'e wisc ef a'e varch a oed kyn uelynet a
blodeu y banadyl, ac a oed goch ohonunt yn
gyn gochet a'r gwaet cochaf o'r byt. Ac yna
nachaf y marchawc yn eu gordiwes, ac yn gofyn
y Idawc a gaffei ran o'r dynyon bychein hynny
gantaw. "Y ran a weda ymi y rodi mi a'e rodaf;

bot yn gedymdeith udunt ual y bum[1] ynneu".
A hynny a oruc y marchawc a mynet ymeith.
"Idawc", heb y Ronabwy, "pwy oed y marchawc hwnn?" "Rwawn Bybyr uab Deorthach Wledic".

Ac yna y kerdassant ar traws maes mawr Argygroec hyt yn Ryt y Groes ar Hafren. A milltir y wrth y Ryt o pob tu y'r fford y gwelynt y lluesteu a'r pebylleu, a dygyfor o lu mawr. Ac y lan y Ryt y deuthant. Sef y gwelynt Arthur yn eistedd mywn ynys wastat is y Ryt, ac o'r neillparth idaw Betwin escob, ac o'r parth arall Gwarthegyt vab Kaw. A gwas gwineu mawr yn seuyll rac eu bronn a'e gledeu trwy y wein yn y law, a pheis a chapan o pali purdu ymdanaw, ac yn gyn wynnet y wyneb ac ascwrn yr eliffant, ac yn gyn duet y aeleu a'r muchud. Ac ar a welei dyn o'e ardwrn[2] y rwng y venic a'e lewys, gwynnach oed no'r alaw, a breisgach oed no mein eskeir milwr. Ac yna dyuot o Idawc ac wynteu ygyt ac ef hyt rac bronn Arthur, a chyfarch gwell idaw. "Duw a rodo da ytt", heb yr Arthur. "Pa du, Idawc, y keueist di y dynyon bychein hynny?" "Mi a'e keueis, arglwyd, uchot ar y ford". Ssef a oruc yr amherawdyr, glas owenu. "Arglwyd", heb [560] Idawc, "beth a chwerdy di?" "Idawc," heb yr Arthur, "nyt chwerthin a wnaf, namyn truanet gennyf

[1] *bun* RM
[2] RM *ac ny welei dyn dim o'e ardwrn.*

vot dynyon ky vawhet a hynny yn gwarchadw yr
ynys honn gwedy gwyr kystal ac a'e gwarchetwis
gynt". Ac yna y dywawt Idawc, "Ronabwy, a
wely di y vodrwy a'r maen yndi ar law yr amher-
awdyr?" "Gwelaf", heb ef. "Vn o rinwedeu
y maen yw, dyuot cof yti a weleist yma heno;
a phei na welut ti y maen ny doei gof ytti dim o
hynn o dro".

A gwedy hynny y gwelei vydin yn dyuot tu a'r
Ryt. "Idawc", heb y Ronabwy, "pieu y vydin
racko?" "Kedymdeithon Rwawn Pebyr uab
Deorthach Wledic. A'r gwyr racko a gaffant
med a bragawt yn enrydedus, ac a gaffant gor-
derchu merchet teyrned Ynys Prydein yn diwar-
avun, ac wynteu a dylyant hynny, kanys ym pob
reit y deuant yn y vlaen ac yn y ol". Ac ny welei
amgen liw nac ar varch nac ar wr o'r vydin honno
namyn eu bot yn ky gochet a'r gwaet. Ac o'r
gwahanei vn o'r marchogyon ywrth y vydin
honno kynhebic y post tan vydei yn kychwynnu
y'r awyr. A'r vydin honno yn pebyllyaw uch
y Ryt.

Ac ar hynny y gwelynt vydin arall yn dyuot
tu a'r Ryt. Ac o'r korueu blaen y'r meirch y
uynyd yn gy wynnhet a'r alaw, ac o hynny y
waeret yn gy duet a'r muchud. Ssef y gwelynt
varchawc yn racvlaenu ac yn brathu march yn y
Ryt yny ysgeinwys y dwfyr am penn Arthur
a'r escob ac a oed yn y kyghor ygyt ac wynt, yny
oedynt kyn wlypet a chyt tynnit o'r auon. Ac
ual yd oed yn trossi penn y varch y trewis y gwas

oed yn seuyll rac bronn Arthur y march ar y dwy-
ffroen a'r cledyf trwy y wein, yny oed [561] ryued,
bei trewit ar dur, na bei yssic yg kwaethach[1] ai
kic neu ascwrn. A thynnu a oruc y marchawc
y gledyf hyt am hanner[2] y wein a gofyn idaw,
"Paham y treweist ti vy march i, ae yr amarch
y mi ae yr kyghor arnaf?" "Reit oed itt wrth
gyghor. Pa ynvydrwyd a wnaei ytti varchogaeth
yn gy druttet ac y hysceynei[3] y dwfyr o'r Ryt am
penn Arthur a'r esgob kyssegredic ac eu kyghor-
wyr yny oedynt kyn wlypet a chyt tynnit o'r
auon?" "Minneu a'e kymeraf yn lle kyghor".
Ac ymchoelut penn y uarch drachefyn tu a'e
vydin. "Idawc", heb y Ronabwy, "pwy y
marchawc gynneu?" "Y gwas ieuanc kym-
hennaf a doethaf a wneir yn y teyrnas honn,
Adaon uab Telessin". "Pwy oed y gwr a drewis
y varch ynteu?" "Gwas traws fenedic, Elphin
uab Gwydno".

Ac yna y dywawt gwr balch telediw ac ymad-
rawd bangaw ehawn gantaw bot yn ryued
kysseingaw llu kymeint a hwnn yn lle ky gyfyghet
a hwnn, ac a oed ryuedach ganthaw bot yma yr
awr honn a adawei eu bot yg Gweith Uadon
erbynn hanner dyd yn ymlad ac Osla Gyllellwa-
[w]r. "A dewis di ae kerdet ae na cherdych".
"Miui a gerdaf". "Gwir a dywedy", heb yr

---

[1] *kwa aethach* RM.
[2] *hyt am y hanner* RM.
[3] *hysteynei* RM.

Arthur. "A cherdwn ninneu ygyt". "Idawc",
heb y Ronabwy, "pwy y gwr a dywawt yn gyn
aruthret wrth Arthur ac y dywawt y gwr gynneu?"
"Gwr a dylyei dywedut yn gyn ehofnet ac y
mynnei wrthaw, Karadawc Vreichuras uab
Llyr Marini,[1] penn kyghorwr a'e gefynderw".

Ac odyna Idawc a gymerth Ronabwy is y gil,
ac y kychwynnyssont y llu mawr hwnnw bop
bydin yn y chyweir parth a Chevyn Digoll. A
gwedy eu dyuot hyt ym perued y Ryt ar Hafren
troi a oruc Idawc penn y varch dra'e gefyn ac
edrych a oruc Ronabwy ar dyffryn Hafren. Sef
y gwelei dwy vydin waraf yn dyuot tu a'r Ryt
ar Hafren. A bydin eglurwenn [562] yn dyuot
a llenn o bali gwyn am bop un onadunt a godryon
pob un yn purdu, a thal eu deulin a phenneu eu
dwy goes y'r meirch yn purdu, a'r meirch yn
ganwelw oll namyn hynny. Ac eu harwydon
yn purwynn a blaen pob un ohonunt yn purdu.
"Idawc", heb y Ronabwy, "pwy y vydin
burwenn racco?" "Gwyr Llychlyn yw y rei
hynny, a March uab Meirchawn yn tywyssawc
arnadunt. Kefynderw y Arthur yw hwnnw".
Ac odyna y gwelei vydin a gwisc purdu am bop
un onadunt, a godreon pob llenn yn purwynn,
ac o penn eu dwygoes a thal eu deulin y'r meirch
yn purwynn. Ac eu harwydon yn purdu a blaen
pob un ohonunt yn purwynn. "Idawc", heb y
Ronabwy, "pwy y vydin purdu racco?" "Gwyr

[1] *mariui* RM.

Denmarc, ac Edern uab Nud yn tywyssawc arnadunt".

A phan ordiwedassant y llu neur disgynnassei Arthur a'e lu y kedyrn od is Kaer Vadon. A'r fford y kerdei Arthur y gwelei ynteu y uot ef ac Idawc yn kerdet. A gwedy y disgynnv y klywei twryf mawr abrwysgyl ar y llu. A'r gwr a uei ar ymyl y llv yr awr honn a vydei ar eu kanawl e[i]lchwyl. A'r hwnn a vydei yn y kanawl a vydei ar yr ymyl. Ac ar hynny nachaf y gwelei varchawc yn dyuot a lluruc ymdanaw ac am y varch kywynnet y modrwyeu a'r alaw gwynnaf, a chyn gochet y hoelon a'r gwaet cochaf. A hwnnw yn marchogaeth ym plith y llu. "Idawc", heb y Ronabwy, "ae ffo a wna y llu ragof?" "Ny ffoes yr amherawdyr Arthur eiryoet, a phei clywit arnat yr ymadrawd hwnn gwr diuetha[1] vydut. Namyn y marchawc a wely di racko, Kei yw hwnnw, teckaf dyn a varchocka yn llys Arthur yw Kei. A'r gwr ar ymyl y llu yssyd yn bryssyaw yn ol y edrych ar Kei yn marchogaeth, a'r gwr yn y kanol yssyd yn ffo y'r ymyl rac [563] y vriwaw o'r march. A hynny yw ystyr kynnwryf y llu".

Ar hynny sef y clywynt galw ar Gadwr, Iarll Kernyw. Nachaf ynteu yn kyuot a chledyf Arthur yn y law. A llun deu sarf ar y cledyf o eur. A phan tynnit y cledyf o'r wein, ual dwy fflam o tan a welit o eneueu y seirf. A hynny nyt oed hawd

[1] *diuethaf* RM.

y neb edrych arnaw rac y aruthret. Ar hynny
nachaf y llu yn arafhau a'r kynnwryf yn peidaw.
Ac ymchoelut o'r Iarll y'r pebyll. "Idawc", heb
y Ronabwy, "pwy oed y gwr a duc y cledyf y
Arthur?" "Kadwr, Iarll Kernyw, gwr a dyly 5
gwisgaw y arueu am y brennin yn dyd kat ac
ymlad".

Ac ar hynny y clywynt galw ar Eiryn Wych
Amheibyn, gwas Arthur, gwr garwgoch anhegar,
a thrawsswch goch idaw a blew seuedlawc arnei. 10
Nachaf ynteu yn dyuot ar uarch coch mawr
gwedy rannu y vwng o boptu y vynwgyl, a
swmer mawr telediw gantaw. A disgyn a oruc
y gwas coch mawr rac bron Arthur a thynnu
kadeir eur o'r swmer a llenn o pali kaerawc. A 15
thannu y llenn o oruc rac bronn Arthur. Ac
[a]ual rudeur wrth bop koghyl idi. A gossot y
gadeir ar y llenn, a chymeint oed y gadeir ac y
gallei tri milwr yn aruawc eisted. Gwenn oed
enw y llenn. Ac vn o genedueu y llenn oed, y 20
dyn y dottit yn y gylch, ny welei neb euo ac euo
a welei bawp. Ac ny thrigyei liw arnei vyth
namyn y lliw ehun. Ac eisted a oruc Arthur ar
y llenn. Ac Owein uab Uryen yn seuyll rac
y uron. "Owein", heb Arthur, "a chwaryy 25
di wydbw[y]ll?" "Gwaryaf, arglwyd", heb
Owein. A dwyn o'r gwas coch yr wydbwyll
[564] y Arthur ac Owein, gwerin eur a clawr
aryant. A dechreu gware a wnaethant.

A phan yttoedynt uelly yn digrifaf gantunt eu 30
gware uch yr wydbwyll, nachaf y gwelynt o peb-

byll gwynn penngoch[1] a delw sarf purdu ar penn
y pebyll, a llygeit rudgoch gwenwynic yn penn
y sarf, a'e dauawt yn fflamgoch, yny vyd mackwy
ieuanc pengrych melyn llygatlas yn glassu baryf
yn dyuot, a pheis a swrcot o pali melyn ymdanaw,
a dwy hossan o vrethyn gwyrdvelyn teneu am y
traet. Ac [ar] uchaf yr hossaneu dwy wintas o
gordwal brith a chaeadeu o eur am vynygleu y
draet yn eu kaeu. A chledyf eurdwrn trwm
trichanawl, a gwein o gordwal du idaw, a swch o
rudeur coeth ar penn y wein, yn dyuot tu a'r lle yd
oed yr amherawdyr ac Owein yn gware gwyd-
bwyl[l]. A chyuarch gwell a oruc y mackwy
y Owein. A ryuedu o Owein y'r mackwy gyu-
arch gwell idaw ef ac nas kyfarchei y'r amher-
awdyr Arthur. A gwybot a wnaeth Arthur pan
yw hynny a uedylyei Owein, a dywedut wrth
Owein, "Na vit ryued gennyt y'r mackwy gyfarch
gwell ytt yr awr honn. Ef a'e kyfarchwys y
minheu gynneu. Ac attat titheu y mae y neges
ef". Ac yna y dywawt y mackwy wrth Owein,
"Arglwyd, ae o'th gennyat ti y mae gweisson
bychein yr amherawdyr a'e uackwyeit yn kipris ac
yn kathefrach ac yn blinaw dy vrein ? Ac onyt
o'th gennyat, par y'r amherawdyr eu gwahard".
"Arglwyd", heb yr Owein, "ti a glywy a dyweit
y mackwy. Os da genhyt gwahard wynt ywrth
vy mranos". "Gware dy chware", heb ef. Ac
yna yd ymchoeles y mackwy tu a'e bebyll.

[1] *penngech* RM.

Teruynu y gware hwnnw a wnaethant a
dechreu arall. A phan yttoedynt am hanner
y gware, llyma [565] was ieuanc coch goben-
grych gwineu llygadawc hydwf, gwedy eillaw y
varyf yn dyuot o pebyll puruelyn. A delw llew
purgoch ar penn y pebyll. A pheis o pali melyn
ymdanaw yn gyfuch a mein y esceir, gwedy y
gwniaw ac adaued o sidan coch. A dwy hossan
am y draet o vwckran gwyn teneu. Ac ar uchaf
yr hossaneu dwy wintas o gordwal du am y draet,
a gwaegeu eureit arnadunt. A chledyf mawr
trwm trichanawl yn y law, a gwein o hydgen coch
idaw, a swch eureit ar y wein, yn dyuot tu a'r lle
yd oed Arthur ac Owein yn gware gwydbwyll.
A chyuarch gwell idaw. A drwc yd aeth ar
Owein gyuarch gwell idaw, ac ny bu waeth gan
Arthur no chynt. Y mackwy a dywawt wrth
Owein, "Ae o'th anuod di y mae mackwyeit yr
amherawdyr yn brathu dy vrein, ac yn llad ereill
ac yn blinaw ereill ? Ac os anuod gennyt, adolwc
idaw y gwahard". "Arglwyd", heb Owein,
"gwahard dy wyr os da gennyt". "Gware dy
whare", heb yr amherawdyr. Ac yna yd
ymchoeles y mackwy tu a'e pebyll.

Y gware hwnnw a teruynwyt a dechreu arall.
Ac ual yd oedynt yn dechreu y symut kyntaf ar y
gware, sef y gwelynt ruthur y wrthunt pebyll
brychuelyn mwyhaf o'r a welas neb, a delw eryr o
eur arnaw, a maen gwerthuawr ym penn yr eryr.
Yn dyuot o'r pebyll y gwelynt vackwy a gwallt
pybyruelyn ar y benn yn tec gosgeidic, a llenn o

pali glas ymdanaw. A gwaell eur yn y llenn ar yr
ysgwyd deheu idaw kyn vrasset a garanvys milwr.
A dwy hossan am y traet o twtneis teneu, a dwy
esgit o gordwal brith am y traet a gwaegeu eur
arnadunt. Y gwas yn vonhedigeid y bryt,
wyneb gwyn grudgoch idaw, a llygeit mawr
hebogeid. Yn llaw y mackwy yd oed paladyr
brasvrithuelyn, a phenn newydlif arnaw. Ac ar
y paladyr ystondard amlwc. Dyuot a oruc y
mackwy yn llidyawc [566] angerdawl a thuth
ebrwyd gantaw tu a'r lle yd oed Arthur yn gware
ac Owein vch penn yr wydbwyll. Ac adnabot a
orugant y vot yn llidiawc. A chyuarch gwell
eissoes y Owein a oruc ef, a dywedut idaw ry-
daruot llad y brein arbennickaf onadunt, "ac ar ny
las onadunt wynt a vrathwyt ac a vriwyt yn
gymeint ac na digawn yr vn onadunt kychwynnv
y hadaned un gwryt y wrth y dayır." "Ar-
glwyd", heb yr Owein, "gwahard dy wyr".
"Gware", heb ef, "os mynny". Ac yna y
dywawt Owein wrth y mackwy, "Dos ragot, ac
yn y lle y gwelych y vrwydyr galettaf dyrchaf yr
ystondard y vynyd. Ac a vynno Duw, derffit".

Ac yna y kerdwys y mackwy racdaw hyt y lle
yd oed galettaf y vrwydyr ar y brein, a dyrchauel
yr ystondard. Ac ual y dyrchefit y kyuodant
wynteu y'r awyr yn llidiawc angerdawl orawenus
y ellwng gwynt yn eu hadaned ac y vwrw y lludet
yarnunt. A gwedy kaffel eu hangerd ac eu
budugolyaeth, yn llidyawc orawenus yn gytneit
y gostygassant y'r llawr am penn y gwyr a

wnathoedynt lit a goueileint a chollet udunt kyn no hynny. Penneu rei a dygynt, llygeit ereill, a chlusteu ereill a breicheu ereill. A'e kyuodi y'r awyr a wneynt. A chynnwryf mawr a uu yn yr awyr gan asgellwrych y brein gorawenus ac eu kogor, a chynnwryf mawr arall gan disgyryein y gwyr yn eu brathu ac yn eu hanauu ac yn llad ereill. A chyn[1] aruthret uu gan Arthur a chan Owein vch benn yr wydbwyll klybot y kynnwryf.

A phan edrychant y klywynt marchawc ar varch erchlas yn dyuot attunt. Lliw enryued a oed ar y uarch, yn erchlas, a'r vreich deheu idaw yn purgoch, ac[2] o penn y goesseu hyt y mynwes y garn yn puruelyn idaw. Y marchawc yn gyweir a'e varch o arueu trymyon estronawl. Cwnsallt y varch o'r gorof vlaen idaw y vynyd yn syndal purgoch, ac o'r gorof y waeret yn syndal puruelyn. Cledyf eurdwrn mawr un min ar glun y gwas, a gwein burlas newyd idaw,[3] a swch ar y wein o lattwn yr Yspaen. Gwregys y cledyf o gordwal ewyrdonic du, a throstreu goreureit arnaw. A gwaec o asgwrn elifant arnaw, a ba[567]lawc purdu ar y waec. Helym eureit ar penn y marchawc a mein mawrweirthawc gwyrthuawr yndi. Ac ar penn yr helym delw llewpart melynrud, a deu vaen rudgochyon

[1] *a chan* RM.
[2] *oc* RM.
[3] *idaw newyd* RM.

yn y penn, mal yd oed aruthur y vilwr, yr
kadarnet vei y gallon, edrych yn wyneb y llew-
part anghwaethach yn wyneb y milwr. Gwaell
paladyrlas hirtrwm yn y law, ac o'e dwrn y vynyd
yn rudgoch penn y paladyr gan waet y brein ac eu
pluf. Dyuot a oruc y marchawc tu a'r lle yd oed
Arthur ac Owein vch penn yr wydbwyll. Ac
adnabot a orugant y uot yn lludedic lityawcvlin
yn dyuot attunt. Y makwy a gyuarchawd gwell
y Arthur ac a dywawt vot brein Owein yn llad y
weisson bychein a'e vackwyeit. Ac edrych a oruc
Arthur ar Owein a dywedut, "Gwahard dy
vrein". "Arglwyd", heb yr Owein, "gware dy
chware". A gware a wnaethant. Ymchoelut
a oruc y marchawc drachefyn tu a'r vrwydyr, ac
ny wahardwyt y brein mwy no chynt.

A phan yttoedynt gwedy gware talym, sef y
klywynt kynnwryf mawr, a disgyryein gwyr, a
chogor brein yn dwyn y gwyr yn eu nyrth y'r
awyr ac yn eu hyscoluaethu rydunt, ac yn eu
gollwng yn drylleu y'r llawr. Ac y wrth y
kynnwryf y gwelynt uarchawc yn dyuot ar uarch
kanwelw, a'r ureich asseu y'r march yn purdu
hyt y mynnwes y garn. Y marchawc yn gyweir
ef a'e varch o aruev trymleisson mawr. Cwnsallt
ymdanaw o pali kaerawc melyn, a godreon y gwn-
sallt yn las. Kwnsallt y uarch yn purdu, a'e odreon
yn puruelyn. Ar glun y mackwy yd oed gledyf
hirdrwm trichanawl, a gwein o ledyr coch ysgyth-
redic idaw, a'r gwregis o hydgen newydgoch, a
throstreu eur amyl arnaw. A gwaec o asgwrn

moruil arnaw, a balawc purdu arnaw. [568]He-
lym eureit am penn y marchawc, a mein saffir
rinwedawl yndi. Ac ar penn yr helym delw llew
melyngoch, a'e dauawt yn fflamgoch troetued o'e
penn allan, a llygeit rudgochyon gwennwynic yn
y benn. Y marchawc yn dyuot a phaladyr
llinon bras yn y law, a phenn newyd gwaetlyt
arnaw, a llettemmeu aryant yndaw. A chyfarch
gwell a oruc y mackwy y'r amherawdyr. "Ar-
glwyd", heb ef, "neur derw llad dy uackwyeit
a'th weisson bychein a meibon gwyrda Ynys
Prydein hyt na byd hawd kynnal yr ynys honn
byth o hediw allan. "Owein", heb Arthur,
"gwahard dy vrein". "Gware, arglwyd", heb
Owein, y gware hwnn".

Daruot a wnaeth y gware hwnnw a dechreu
arall. A phan yttoedynt ar diwed y gware
hwnnw, nachaf y klywynt gynnwryf mawr, a
disgyryein gwyr aruawc, a chogor brein ac eu
hasgellwrych yn yr awyr, ac yn gollwng yr
arueu yn gyfan y'r llawr, ac yn gollwg y gwyr
a'r meirch yn drylleu y'r llawr. Ac yna y
gwelynt uarchawc y ar varch olwyndu pennuchel,
a phenn y goes asseu y'r march yn purgoch, a'r
vreich deheu idaw hyt y mynwes y garn yn pur-
wyn. Y marchawc a'e uarch yn aruawc o arueu
brychuelynyon, wedy eu brithaw a lactwn yr Ys-
paen. A chwnsallt ymdanaw ef ac ymdan y uarch
deu hanner gwyn a phurdu, a godreon y gwnsallt
o porffor eureit. Ac ar uchaf y gwnsallt cledyf
eurdwrn gloew trichanawl. Gwregis y cledyf o

eurllin melyn, a gwaec arnaw o amrant moruarch
purdu, a balawc o eur melyn ar y waec. Helym
loyw am penn y marchawc o lactwnn melyn, a
mein cristal gloew yndi. Ac ar penn yr helym
llun ederyn egrifft a maen rinwedawl yn y penn.
Paladyr llinwyd palatyrgrwn yn y law, gwedy y
liwaw ac asur[569]glas. Penn newyd gwaetlyt ar
y paladyr, gwedy y lettemmu ac aryant coeth.
A dyuot a oruc y marchawc yn llidiawc y'r lle yd
oed Arthur a dywedut daruot y'r brein lad y deulu
a meibon gwyrda yr ynys honn, ac erchi idaw
peri i Owein wahard y vrein. Yna yd erchis
Arthur y Owein wahard y urein. Ac yna y gwas-
gwys Arthur y werin eur a oed ar y clawr yny oed-
ynt yn dwst oll, ac yd erchis Owein y Wers uab
Reget[1] gostwng y vaner. Ac yna y gostyghwyt
ac y tagnouedwyt pob peth.

Yna y govynnwys Ronabwy y Idawc pwy oed
y trywyr kyntaf a deuth at Owein y dywedut idaw
uot yn llad y vrein. Ac y dywawt Idawc, "Gwyr
oed drwc ganthunt dyuot collet y Owein,
kytunbynn idaw a chedymdeithon, Selyf uab
Kynan Garwyn o Powys, a Gwgawn Gledyfrud,
a Gwres uab Reget, y gwr a arwed y uaner yn
dyd kat ac ymlad." "Pwy", heb y Ronabwy,
"y trywyr diwethaf a deuthant att Arthur y
dywedut idaw ryuot y brein yn llad y wyr". "Y
gwyr goreu", heb yr Idawc, "a dewraf, a hackraf
gantunt golledu Arthur o dim, Blathaon uab

---

[1] *erchis y owein wers uab reget* RM.

Mwrheth, a Rwawn Pebyr uab Deorthach
Wledic, a Hyueid Unllenn". Ac ar hynny nachaf
pedwar marchawc ar hugeint yn dyuot y gan
Ossa Gyllellwawr y erchi kygreir y Arthur
hyt ym penn pythewnos a mis. Sef a wnaeth
Arthur kyuodi a mynet y kymryt kyghor. Sef
yd aeth tu a'r lle yd oed gwr pengrych gwineu
mawr rynawd y wrthaw. Ac yno dwyn y gy-
ghorwyr attaw.

Betwin escob, a Gwarthegyt uab Kaw, a March
uab Meirchawn, a Chradawc Ureichuras, a
Gwalchmei uab Gwyar, ac Edyrn uab Nud, a
Rwawn Pebyr uab Deorthach Wledic, a Riogan
uab brenhin Iwerdon, a Gwenvynnwyn uab
Naf,[570] Howel uab Emyr Llydaw, Gwilim
uab rwyf Freinc, a Danet mab Oth, a Goreu [uab]
Custennin, a Mabon mab Modron, a Pheredur
Paladyr Hir, a Heueid Unllen,[1] a Thwrch mab
Perif, Nerth mab Kadarn, a Gobrw mab Echel
Uordwyt Twll, Gweir mab Gwestel, ac Adwy
uab Gereint, Dyrstan mab Talluch, Moryen
Manawc, Granwen mab Llyr, a Llacheu mab
Arthur, a Llawuroded uaryfawc, a Chadwr
Iarll Kernyw, Moruran Eil Tegit, a Ryawd Eil
Morgant, a Dyuyr uab Alun Dyuet, Gwryr Gwal-
stot Ieithoed, Adaon mab Telyessin, a Llara uab
Kasnar[2] Wledic, a Ffleudur Fflam, a Greidyal
Galldofyd, Gilbert mab Katgyffro, Menw mab

[1] *heneidwn llen* RM.
[2] *kasnat* RM.

Teirgwaed, Gyrthmwl Wledic, Kawrda[f][1] uab Karadawc Vreichuras, Gildas mab Kaw, Ka-[d]rieith mab Seidi, a llawer o wyr Llychlyn a Denmarc, a llawer o wyr Groec y gyt ac wynt. A digawn o lu a deuth y'r kyghor hwnnw.

"Idawc", heb y Ronabwy, "Pwy y gwr gwineu y deuthpwyt attaw gynneu?" "Run uab Maelgwn Gwyned, gwr y mae o vreint idaw dyuot pawp y ymgyghor ac ef". "Pa achaws y ducpwyt gwas ky ieuanghet yg kyghor gwyr kyvurd a'r rei racko mal Kadyrieith mab Saidi?" "Wrth nat oed ym Prydein gwr wrdach[2] y gyghor noc ef". Ac ar hynny nachaf ueird yn dyuot y datkanv kerd y Arthur. Ac nyt oed dyn a adnapei y gerd honno, namyn Kadyrieith ehun, eithyr y uot yn uolyant y Arthur. Ac ar hynny nachaf pedeir assen ar ugeint ac eu pynneu o eur ac aryant yn duuot, a gwr lludedicvlin ygyt a phob un ohonunt yn dwyn teyrnget y Arthur o ynyssed Groec. Yna yd erchis Kadyrieith mab Saidi rodi kygreir y Osla Gyllellwawr hyt ym penn pythewnos a mis, a rodi yr assennoed [571] a dathoed a'r teyrnget y'r beird ac a oed arnunt yn lle gobyr ymaros. Ac yn oet y gygreir talu eu kanu udunt. Ac ar hynny y trigywyt. "Ronabwy", heb Idawc, "ponyt cam gwarauun y'r gwas ieuanc a rodei gyghor ky helaethet a hwnn vynet yg kyghor y arglwyd?"

[1]*Hawrda* RM.
[2]*wrdarch* RM.

Ac yna y kyuodes Kei ac y dywawt, "Pwy bynnac a vynno kanlyn Arthur bit heno y Ghernyw gyt ac ef. Ac ar nys mynno bit yn erbyn Arthur hyt yn oet y gygreir".

Ac rac meint y kynnwrwf hwnnw deffroi a oruc Ronabwy. A phan deffroes yd oed ar groen y dinawet melyn, gwedy ry gyscu ohonaw teir nos a thri dieu.

A'r ystorya honn a elwir Breidwyt Ronabwy.

(A llyma yr achaws na wyr neb y breidwyt, na bard na chyfarwyd, heb lyuyr, o achaws y geniuer lliw a oed ar y me[i]rch, a hynny o amrauael liw odidawc ac ar yr aruev ac eu kyweirdebeu, ac ar y llenneu gwerthuawr a'r mein rinwedawl).

NODIADAU.

1.1 **Madawc uab Maredud.** Arno ef gw. Rhagymadrodd, xxv.-xxvii. Pencerdd ei lys oedd Cynddelw Brydydd Mawr a ganodd awdlau, englynion a marwnadau i Fadog a'i feibion, gw. MA. 154a-161a. Canodd Gwalchmai hefyd awdl foliant a marwnad i Fadog, MA. 147-9.

Powys. Gw. Lloyd, HW 242 yml; Owen, *Pemb.* iv. 585, 588. Cynhwysai bron y cwbl o Sir Drefaldwyn a rhannau o Siroedd Meirionnydd, Dinbych a Fflint. Y rhaniadau pwysicaf yn y Canol Oesoedd: yn y gogledd yr oedd cymydau Iâl, Ystrad Alun, a'r Hob; o gwmpas Wrecsam ceid cymydau Merffordd, Maelor Saesneg, Maelor Gymraeg; gyda chwrs uchaf Dyfrdwy yr oedd cymydau Glyndyfrdwy, Edeirnion a Dinmael; i'r gorllewin, a Llyn Tegid yn ei ganol, yr oedd cantref Penllyn. Rhwng Dyfrdwy a Cheiriog cwmwd Nanheudwy, ac i'r de Cynllaith. Cwmwd Mochnant i'r de o'r Berwyn. Cantref Mechain rhwng Mochnant ac Efryrnwy, ac ar lannau Hafren ymestynnai nifer o gymydau, megis Deuddwr, Ystrad Marchell a Llannerch Hudol. Cwmwd Caerinion i'r de o Efrynwy. Rhwng afonydd Rhiw a Hafren yr oedd cantref Cydewain. Cantref Arwystli o gwmpas blaenau Hafren ac i'r gogledd cymydau Cyfeiliog a Mawddwy. Yn 1166 rhannwyd cwmwd Mochnant rhwng Owain fab Madog ac Owain Cyfeiliog ar hyd afon Rhaeadr. Daeth y rhaniad hwn yn barhaol wedi 1195 pan roddodd Madog, ŵyr Madog ap Maredudd, ei enw ar Bowys Fadog yn y gogledd, a Gwenwynwyn ab Owain Cyfeiliog ei enw yn y de i Bowys Wenwynwyn. Dyma'r llinell derfyn hyd heddiw rhwng Sir Ddinbych a Sir Drefaldwyn.

yn y theruyneu. 'yn gyfan gwbl, o ffin i ffin'. Gw. PKM 290 a CLlH 158. Ychw. BB 88 Ac y archescopty Caer Llion Kemre oll *adan y thervynev*.

1.2 **Porford.** Bellach Pulford yn Sir Fflint, rhyw bum milltir i'r de o Gaer. Dyma bwynt mwyaf gogleddol Powys.

Dywed Gwalchmai yn ei farwnad i Fadog fod ei deyrnas yn ymestyn 'O ben Pumlumon hyd borth Caerlleon', MA 148a57. Digwydd y ffurf *Pwlffordd* yn MA 239b22 'O Bwlffort osgort ysgwyd gochi hydyr hyd eithaf Kedweli'. Am yr amrywio l/r, cf. Hawrffordd/Hwlffordd. Gw. Owen, *Pemb*. iii. 346 n.1, EEW 47.

1.3 **Gwauan.** Nid oes sicrwydd nac am ei leoliad nac am ei ffurf. Digwydd fel *Waven* yn 1309. Cf. Owen, *Pemb*. iv. 596 n.1: "Gwafan (or whatever its name was) must have been situated near the boundary between Arwystli and some district which was no part of 13th-century Powys, somewhere in the manor of Arwystli Uch Coed and the parishes of Llanidloes, Llangurig or Trefeglwys". HW 242 n. 76 "some point near Llangurig in South Montgomeryshire".

yg gwarthaf. 'ymhen uchaf'. *Ar warthaf* yw 'ar ben'. CLlH 189.

1.3 **Arwystli.** Cantref mwyaf deheuol Powys, yn cynnwys y ddau gwmwd Uch Coed ac Is Coed. Gw. Owen, *Pemb*. iv. 596 n.1.

1.5 **Iorwoerth uab Maredud.** Iorwoerth Goch y gelwir ef yn yr hanesion Cymraeg. Yn 1157 ochrodd gyda'i frawd Madog a Harri'r Ail yn erbyn Owain Gwynedd, a derbyniodd diroedd gan y brenin yn Sir Amwythig (HW 496, 520). Cyfamododd y brenin ag Owain Gwynedd "ac yna yd ymchoelawd y brenhin y Loegyr. Ac yna yd ymchoelawd Iorwoerth Goch uab Maredud y gastell Ial ac y llosges" RBB 320. Dyma gastell Buddugre a godasai Owain yn 1149. Wedi marwolaeth Madog yn 1160 rhannwyd Powys rhwng ei feibion, ei nai Owain Cyfeiliog a'i frawd Iorwerth. Yn 1165 gwelir Iorwerth yn pleidio achos Owain Gwynedd yn erbyn ymosodiad Harri, ond yn y flwyddyn nesaf dychwelodd at ei gyfeillgarwch â brenin Lloegr a rhoddwyd castell y Waun iddo. Nid oedd hyn wrth fodd ei neiaint Owain ap Madog ac Owain Cyfeiliog, "ac yn y vlwydyn honno y gwrthladwyt Iorwoerth Goch uab Maredud oe genedyl ac oe gyfoeth ym Mochnant ygan y deu Owein. Ar deu Owein hynny a rannassant Uochnant yrygtunt. Ac y deuth Mochnant Vch Raeadyr y Owein Keueilawc a Mochnant

Is Raeadyr y Owein Vychan" RBB 325. Tebyg i Iorwerth farw y flwyddyn honno. Canwyd marwnad iddo gan Gynddelw, MA 174b (H 63a).

Gall fod sail hanesyddol i'r stori a adroddir yn y *Breuddwyd* am genfigen Iorwerth. Nid oes hanes fod gan Iorwerth unrhyw gynhaliaeth ym Mhowys yn oes Madog. Rhoesai Madog gwmwd Cyfeiliog i'w neiaint Owain a Meurig yn 1149. Ai hyn a gynhyrfodd Iorwerth ?

Ar y ffurfiau *Iorwerth* a *Iorwoerth* gw. B xi. 144-5.

1.8 **y vrawt.** 'i'w frawd'.

1.9 **ymgeissaw.** 'Chwilio am'. Cystrawen gydag *â*, *ag* Cf. WM 121 a chyuodi a oruc ymlaen y marchawc y *ymgeissaw a* Pheredur ; RM 135. 17 mynet a oruc Menw y *ymgeis ac* wynt ; 171.17 ac yn *ymgeissaw at* marchawc yssyd yn gwarchadw y ffynnawnn y mynnwn vy mot ; CCh 266 a gwedy medylyaw ohonei ac *ymgeissaw ac* ereill a wyppey iawn ; 161 a gwedy hynny y kerdawd ef a sebaot y *ymgeis at* brenhin ; BB 21 a phan doeth ef yno wynt a aethasseint ford arall y *ymgeisiaw a* Brutus ae lu ; Salm 34. 14 *ymgais â* thangnefedd, a dilyn hi [S. *seek*, Ll. *inquire*] ; Diarh 29.26 Llawer a *ymgeisiant ag* wyneb y llywydd [S. *seek*, Ll. *requirunt*].

vrodoryon maeth. Heblaw *broder* (diweddarach *brodyr*) ceir *brodoryon* mewn CC. fel lluos. *brawd*. Trinir y cyfuniad unig. fel gair cyfansawdd : *brawdfaeth*. Ar barodrwydd brodyr maeth a thadmaethau i gynorthwyo ei gilydd gw. HW 310, 550 a PKM 140.

1.10 **ymgyghor ac.** Am y gystrawen cf. isod 20.7; Run uab Maelgwn Gwyned, gwr y mae o vreint idaw dyuot pawp y *ymgyghor ac* ef ; RBB 15 . . anuon drachefyn at Apolo y *ymgygor ac* ef am y defnyd oll ; 18 ac yna Agamemnon a *ymgyghores ae* gedymdeithon ae hyt dyd ae hyt nos y gwnelynt hwy y deruysc ; 187 ac *ymgyghor ac* wynt beth a wnelynt am hynny.

1.12 **gossymdeith.** 'Cynhaliaeth'. Gw. PKM 182-3 ar *gossymdeithaw.* L 'moyens de subsistence', E-L 'provision'.

1.13 **pennteuluaeth.** Swydd y 'penteulu', sef pennaeth gosgordd filwrol y brenin. Ar freintiau a dyletswyddau'r penteulu gw. LlDW 33, LlB 10.15-11.9, WML 10.13-11.13,

HW 316. Dyma a ddywed y Llyfr Du o'r Waun : "Pepenteylu a dele bod en uab yr brenyn neu e ney neu en keuuc gur ac e kaller penteylu ohonau". Yn y testunau diweddarach megis LlB a WML cyfyngir y penteulu i fab neu nai y brenin. Ond yn wyneb yr hyn a ddywed y Llyfr Du ni raid dal gyda golygydd LlB. t. 171, mai "eithriad, efallai, oedd cynnig Madog fab Maredudd i'w *frawd* Iorwerth yn chwedl Breuddwyd Rhonabwy". Penteulu Powys yn 1110 oedd Maredudd ap Bleddyn, *ewythr* i'r tywysog Owain ap Cadwgawn. Dyna sut y mae J. E. Lloyd, HW 421, yn dehongli'r hanes a adroddir yn RBB 291-2, BrT 121-2. Yr oedd Iorwerth, brawd Madog, yn sicr yn gyfuwch gŵr ag y gellid penteulu ohono. Nid gosymdaith bychan oedd y benteuluaeth.

1.16 **ar herw.** Disgrifir beth oedd mynd ar herw yn y frawddeg ddilynol, ysbeilio a lladd a llosgi, cf. PKM 247, CA 292. Ymdriniwyd â *herw* gan Loth, *Mélanges H.D'Arbois de Jubainville*, 211 a Vendryes, BSL 36.127. Dangoswyd mai ystyr wreiddiol *herw*, megis Gw. *serb*, oedd cyflwr gŵr wedi ei ddeol oddi wrth ei lwyth neu'n byw y tu allan i'r gyfraith ar ffiniau cymdeithas. Cytras yw'r Ll. *servus* 'caethwas difreintiau'. Nid benthyciad o'r S. mo *herw* fel y deil EEW 117.

Am gystrawen *ar herw* cf. BrT 292b ac yd aeth dauid ap grufud *ar herw* ; B v. 116 Yn y kyfamser yr aeth trysdan a trallwch ag esyllid .. *ar herw* i goed kylyddon ; GB 62 mae'nthwy yn oystad megis raideisiaid beunydd *ar herw* ; 99 yr Atheniaid yn y diwedd ai gyrrasont ef *ar herw* yn anghyfion ; etto nid yw hyn ddim i'w cyphelybu a llawer o wyr da yr hain a yrrodd y bobl gyphredinn *ar herw*.

1.20 **o'e geissaw.** 'i'w geisio'. Ar *oe* 'i'w', gw. ClIH 177.

1.21 **rychtir.** 'tir âr' o *rhych*+*tir*. JD terra arabilis, L i.349 'terre arable, terre á silon'. Dyma'r gwastadedd o gwmpas Croesoswallt. Am yr ystyr cf. AL ii. 450 Sef meint yw y tir, mil o erwyd o *dir rychawl* y vessur gwialen Howel da, a mil o erwyd o wylltir, a choetir a gweirdir a fforfadir y uessur yr vn ryw wialen ; cf. AL ii. 454, 456. Am y ffurf cf. *heldir, maestir*, &c. Metha L i.349 n.1 wrth gymryd *rechtyr croesoswallt* yn MA 175a19 yn enghraifft o *rychtir*. Dangosir yn CA 257 mai ffurf hanner

Cymreig neu Wyddelig ar *rector* 'arweinydd' (Ll. *rector*) yw *rechtyr*, Gw. *rechtaire*. Nid rhaid aros gyda chynnig Cy. Tr. 1919-20, 65 (<HFfr. *richete* 'domain').

1.22 **Aber Ceirawc.** Lle y llifa Ceiriog i Ddyfrdwy heb fod ymhell o'r Waun. Cf. MA 679b *Aber Keiriauc* ond RBB 324 *dyffryn Keiriawc*. Ffurf daflodol Saesneg ar Geiriog yw Chirk (y Waun), gw. Charles, *Non-Celtic P.N.* 192.

Hallictwn. RM ymallictwn. Gwall copïo amlwg. Y dref yw Halton ger Aber Ceiriog. Rhoddir yr hen ffurfiau *Hallhton*, *Halcton* gan Charles, *Non-Celtic P.N.* 192, a *Halighton*, *Halghton* gan Owen, *Pemb.* iv. 654. Ar Faenor Halchdyn gw. Lloyd, *Powys Fadog* iv. 1-2. Methodd G-N, L ac E-L yn ddybryd wrth gynnig *Allington* ger Pulford.

vet. RM ver. Nid yr ans. *ver* ond yr arddodiad *vet*, *fed* 'hyd' sydd yn disgyn o'r hen ffurfiau *bihit*, *bichet*, *biheit*, *bet*, WG 415. Gw. B 3.268, 5.242-3, 8.319, DFf. 78, DWS *ved*, TW dan *donec* 'Demetae, fed'.

Ryt Wilure Owen, *Pemb.* iv. 653-4 "There was a ford of some importance on the Vyrnwy near its mouth, between Llan-y-mynech and Melverley, called in Welsh *Rhyd Wilfre*. In Lady C. Guest's notes to her edition of the Mabinogion, this name (now long forgotten and disused) was imagined to embody a Welsh corruption of *Melverley*; but Prof. Lloyd has pointed out (Hist. Wales pp. 195-6) that Rhyd Wilfre must be the same as the *Wilferesforde* in *Merset* Hundred, mentioned in *Domesday Book* (i, 259b,2), which place he considers to have been so-called from Wulfhere (d. 675), son of Penda and father of St. Werburh". Dilynir G-N gan L i. 349 n.4.

1.23 **Efyrnwy.** Dyma'r ffurf lawn ar yr enw. Collwyd y sillaf gyntaf a chael *Fyrnwy*, a hefyd trowyd yr *e* yn *y* dywyll a'i chamgymryd am y fannod. Ffurf Seisnig arni yw *Vyrnwy*. Gw. B 8.28-30 lle y cynigir yr ystyron 'afon duwies yr Efwr', neu 'afon yr afr neu'r afr-dduwies'.

1.24 **Ac ny vydei, &c.** RM ar ny vydei. Mae'r cywiriad yn amlwg ac yn syml. Camddeallwyd y frawddeg gan L 'aussi ne voulaient-ils pas que quelqu'un qui n'avait pas de biens de famille en Powys, en eût dans cette plaine', a chan E-L 'also they did not desire that anyone who did not have goods of family in Powys should have them in that plain'. Ymddengys bod y ddau'n darllen *ny vynnei* am *ny vydei*. Dibynna dehongliad y frawddeg ar iawn ddeall ystyr *ar teulu* (=*ar deulu*). Term swyddogol yw hwn am ŵr yn perthyn i'r 'teulu', y gwarchodlu brenhinol. Cf. LlDW 33 [e penteulu a dele] .iiiior.xx. y kan pop gur *ar teylu* e uluydyn kentaf e marchoco. Od a gur *ar teylu* ykan e brenyn o achaus yrllonet ef a dele y guahaut urth y uuyt ay kamody ar brenyn; MA 517a Ac wrth henny my a kynghoraf y ty gwahawd rey or Ffychtyeyt ac eu kaffael yth llys ac *ar teulu*; (BD 88 ac vrth hynny y kyghoraf ui yty guahavd rei onadunt vynteu yn wyr yt ac y'th lys yn wastat, felly RBB 128); MA 517b a gwahawd cant marchawc or Ffychtyeyt ac eu kymryt *ar teulu* y brenyn (BD 89 a guahavd a wnaeth Gortheyrn can marchavc . . yn wyr y'r brenhin, felly RBB 129, a cf. BB 108 a dethol pedwar vgeyn wyr . . y dyvot ygyt ac ef hyt ar y brenhyn y gymryt gossymeyth ganthaw ay ganlyn vvrth pen y varch); RM 209 ac myn vyg kret drwc wyt *ar deulu* wrth y vorwyn achaws gwiryon yw o honaf i. Gw. HW 316, L i. 426. Nid rhaid tybio gyda Loth fod gair neu eiriau'n eisiau. Gellid arall-eirio fel hyn: 'ni byddai tir a meddiannau gan unrhyw ŵr o'r 'teulu' ym Mhowys ond yn y rhychdir'. Cofier fod y rhychdir ar y goror yn y lle mwyaf agored i gyrch o Loegr, a gellid disgwyl i'r 'teulu' ymladd eu gorau glas er mwyn amddiffyn eu tiroedd eu hunain. Yn Iwerddon gelwid y 'teulu' yn *Lucht Tighe*, h.y. 'llwyth tŷ', cf. *tylwyth*. Dywed O'Curry, *Manners*, ii. 392 "we know that there was anciently a district in Monaghan, which was called *Lucht Tighe mhic Mathgamhna*, that is Mac Mahon's Household, because it was exclusively devoted to the maintenance of that chief's household troops or standing army".

2.2 **Dillystwn Trefan.** Sef Dudleston, rhyw filltir a hanner i'r de-ddwyrain o Aber Ceiriog. Cf. Owen, *Pemb.* iv. 654 "the *trefan* of the Red Book text . . . is obviously a mistake in transcribing *treuan* or some other form of *traean*, *traian* 'a third'; for in some pedigrees written by Guttyn Owain in about 1500, Dudleston is called *ll(an) dudlyst yn y traean*, and in pedigrees written by Roger Morris in 1582 it is called *Tudlyston yn y trayan*".

Mae'r ffurf *treuan* yn digwydd. *Didlystun* y gelwir y dref gan Gynddelw yn ei englynion i Fadog fab Maredudd, MA 155a1. Cwbl anghywir yw *Haliston* neu *Halston* G-N a L.

2.3 **ymrannassant.** E-L 'they distributed those men', yn hytrach 'those men spread out', '?quartered themselves'.

2.5 **Ronabwy.** Am enwau yn *-abwy* cf. CA 150-1, *Gwenabwy, Gwernabwy*; Owen, *Pemb.* iii. 201 *Cynabwy* (hŷn *Canapoi Cunhape*); a cf. *Hunabwy* RM 110.

2.6 **Cynnwric Vrychgoch.** Enw personol cyffredin oedd Cynwrig yn y Canol Oesoedd, gw. G 262a. Gallai droi'n *Cynrig* mewn enwau lleoedd, cf. ELlSG 35. Cf. hefyd Hanes Llywelyn ap Iorwerth a Chynwrig Goch o Drefriw yn CLlGC iii. 151-7 a'r nodyn t. 156.

Mawdwy. Ar *Mawddwy* fel hen enw yr afon *Mawddach* yn Sir Feirionnydd a'r cwmwd neu'r arglwyddiaeth, gw. Thomas, EANC 17. Yr oedd y cwmwd yng ngogledd-orllewin Powys.

Cadwgan Vras. Daw *Cadwgon* o *Cad+Gwgon*, gyda'r un elfen ag a welir yn *coned* 'balchedd' a *gogoned*, &c. Gw. B ii. 6-8 a G 93a.

2.7 **Moelure.** 'Y bryn moel', rhyw chwe milltir i'r gorllewin o Groesoswallt. ELlSG 85.

Kynlleith. Cwmwd yng nghantref Rhaeadr ym Mhowys Fadog. Ar *Cynllaith* gw. Owen, *Pemb.* i. 204, iv. 451, 630; G 251b. Ar ei berthynas â *Machynlleth*, gw. ELl 31.

2.8 **Heilyn Goch.** Yr oedd *Heilyn* yn enw poblogaidd ym Mhowys fel y dengys Owen, *Pemb.* iv. 600. Fel enw cyffredin dynoda 'dywalltwr gwin', cf. y berfenw *heilio*; gw. ELlSG 36. Ceir *Ffynnon Wtra Heilyn* ym mhlwyf Llanfair Caereinion ond y mae hon yn rhy bell i'r gorllewin i fod a wnelo â Heilyn Goch (*Inv.Anc. Mon. Montgomery*, Rhif 424). Digwydd y ffurf *Heilin* yn BBC 100 ac enwir ef fel un o feibion Llywarch Hen, CLH 7; cf. hefyd *Heilyn fab Gwyn Hen*, PKM 44. "There are two places called *Pentre Heilyn* along the Vyrnwy, 3 miles from each other, one in Llandyssilio, the other in Kinnerley (Co. Salop); and as the Vyrnwy hereabouts made part of the Powys frontier which Rhonabwy and his comrades had to watch, perhaps one of these places is so called from Heilyn Goch',' Owen, *Pemb.* iv. 600.

Idon. cf. yr enw lle *Crogen Iddon* ar lannau Ceiriog i'r gorllewin o'r Waun. Ar *Iddon*=H.Lyd. *Iudon*, gw. RC 29.310 a cf. LBS iii. 290.

yn ran. Is-draethiad mewn cyfosodiad â *tŷ*. Golyga 'llety, quarters, billet', cf. PKM 169 ar *rannyat* 'billeting, quartering', CA 79. Ceir hefyd *rhandy* yn golygu 'lodging-house' yn y Cyfreithiau, LlB 115,31 Tri pheth ny thelir kyn coller yn ranty : kyllell, a chledyf, a llawdyr ; cf. WML 137.9. Cymharer defnyddio *llety* (*lled* + *tŷ*) am yr un syniad, a'r S *quarters*.

2.10 **neuad.** Gw. Peate, *The Welsh House*, 81. Gelwid tŷ annedd yn neuadd.

2.11 **llawr pyllawc anwastat.** Ar loriau pridd hen dai gw. Peate, WH 196-8.

2.12 **vrynn.** Treigliad meddal ar ôl y ffurf *bei*, 3 un. Gorff. Dib. Gwelir yr un tr. mewn CC. ar ôl 3 un. Amhrff. a Gorbrff. Myn., PKM 96. *brynn* yma='codiad'.

2.14 **bissweil.** Tail gwartheg. Gw. SE a G d.g.

trwnc. 'troeth, pision'. DWS pission ne drwnk 'pysse, stale' ; TW dan *Vrina*, Trwngc, trwyth, dŵr dŷn neu anifail, irain yw trwngc îr newydd ; BC 98 Ai nid yr un ffordd rhwng y *trwnc* a'r baw y daethochwi i gyd allan. (Nid yr un gair â'r S *trunk* fel y dywed JM-J t. 201). Cf. MM 104, 106, 110, 112 ; LlM 35, 189, 213 ; WLB §§ 79, 93, 161, 538.

2.15 **mynwgyl y troed.** 'instep' (*mwnwgl* 'gwddf'). Cf. isod ll.15 ; WM 225 a guaegeu eur ar *vynygleu eu traet* yn eu kau ; LlA 95 a gwageu o eur yn cayu ar y *mynyglev*. a llafynneu o eur yn gyfulawn o wynnyon emmev o *vynwgyl y traet* hyt ymlaen y vyssed ; DWS mwnwgyl t[r]oet 'the instep' ; JD curuatura pedis ; CCMss 80 a ffêr lom fel wy clommen / im iachau golau yw gwen / y ddau *fwnnwgl* wedd feinion / grissial hardd grassol yw hon ; WLB §42 Rhag briw o law neu benn glin, ne asgwrn, ne *fwnwg troed* . ., 286 rhag gwewyr ac oyrder a diffrwythdra mewn glinieu ne *fynygle traed*.

y dyn. defnyddio'r fannod yn amhendant, cf. PKM 275, WS 4-5, HWydd."idiomatically used of a particular individual not previously mentioned", *con-accae in fer*, 'gwelodd ef ddyn', ST. 73.

2.16 **gwrysc kelyn.** Fel rheol taenid brwyn a rhedyn ar y lloriau, cf. Peate, WH 198.

2.17 **gwedy ryyssu o'r gwarthec eu bric.** Enghraifft o ddefnyddio'r berfenw yn oddefol a rhoi'r gweithredydd dan reolaeth *o*, gw. Morgan, B ix. 214. 'A'u brig wedi eu hysu gan y gwartheg'.

2.18 **kynted.** Nid y pors ond rhan o'r neuadd, cf. PKM 131. Yr oedd dau gyntedd, a dwy ran i'r neuadd, uwch gyntedd ac is gyntedd.

2.19 **partheu.** G-N 'cells', L 'sol des appartements', E-L 'daisends'. Cyfeiriad, mae'n debyg, at y rhaniadau rhwng y colofnau a gynhaliai'r nenbren, gw. Peate, WH 134-6.

goletlwm. *go* + *lled* + *llwm* 'moel, noeth', prin 'filthy' fel yn E-L.

2.20 **ryuelu.** G-N 'making a fire', L 'grelotter' (crynu), E-L 'feeding a fire'. Syniad Loth yw bod y wrach yn crynu am fod annwyd arni. Ond gofalu am y tân yw ei swydd hi. Meddyliais am ryw ffurf o *ry* + *ufelu*, ond gwell efallai yw *ry* + *belu* 'taro, lladd'. Ar *belu* gw. G d.g. a CA 155,377. Os gellir *lladd* tân (h.y. taro callestr â dur, PKM 236) gellir hefyd ei *ryfelu*. Yn y testun a ydyw'r ystyr wreiddiol 'cynnau' wedi lledu i 'borthi, cadw ynghynn'? Am safle'r tân ar y llawr gw. Peate, WH 95.

2.21 **annwyt.** 'oerni' o'r *an-* negyddol + *nwyd* 'gwres'. G d.g., PKM 109.

us. 'chaff'. DWS vs 'chaffe', JD *palea*, TW *achyron* vs, *manus*. LlA 166. A cf. y ddihareb am "arian yn mynd fel yr us 'da'r gwynt" (a seinir *ista'r*). Ymboenais lawer yn grwt beth oedd a wnelai *yeast* neu *east* ag arian yn diflannu!

2.24 **dinawet.** 'dyniawed, anner, treisiad', gw. G d.g.

2.25 **blaenbren.** G-N 'a main privilege', L 'une bonne fortune', E-L 'the best of fortune'. Rhywbeth fel braint neu ffawd dda. Am ddefnyddio pren i benderfynu tynged, cf. *bwrw coelbren*, a Loth "le sort chez les Germains et les Celtes" RC 16.313.

2.28 **pa du.** 'pa le'. Yn wreiddiol 'pa ochr', cf. PKM 261-2.

2.29 **gwrthgloched.** 'anfoesgarwch'. Ymddengys bod anwadalu rhwng *gwrthgroch* a *gwrthgloch*; cf. WM 437 (Pen. 4) mi giglef nat *diwrthgloch* ef vrth y neb a del attaw, ond WM t. 219 (Pen. 6) *diwrthgroch*; WM 229 ac ny dywedei ynteu wrthyf namyn *gwrthgroched*, cf. WM 228 ac ynteu a vyd *gwrthgroch* wrthynt; 646 (Pen. 7) ar wreic a vv *wrthgroch* wrth Peredur; IGE 91.11-2 A'r ddraig goch, lwybr *wrthgroch* lid, A'i hamlwg ffagl a'i hymlid; AP 22.2 a bore *gwrthgroch*, 22.5 ac gwyrchgroch ateb (amr. *gwrthgroch*).

3.1 **goaruoel.** 'hanner moel'. Nodir *arfoel* gan DWS heb ei ddiffinio; JD caluaster, praecalvius, raripilis; SDR 673 'Ie', heb y marchawc yna, '*aruoel* oed yr herwr'. 'Minneu a wnaf hwnn yn *aruoel*', heb hi; LlHN 142 Personiaid *arfoelion*; SE d.g. Digwydd *arfoeli* LlM 172, 201, (*arfoli*), ac *arfoeledd* LlM 62, 86, 217, 220 (*arfoledd*).

3.2 **gogrispin.** G-N 'curly-headed', L 'avec un reste de cheveux frisés'. 'crin' yw'r ystyr a ddyry JD iddo, sef *aridus*, gan ddyfynnu'r enghraifft hon. Dyry TR dan *crisbin*, Rhisg derw crin. Mae'r ffaith fod y gŵr yn arfoel, ac mai anharddu ac nid prydferthu dynion y tŷ yw diben y darn hwn, yn erbyn cymryd *crisbin* fel disgrifiad o wallt crych cyrliog. Mae 'half-withered E-L yn nes o lawer i'r ystyr na chynigion G-N a L. Ymddengys fel benthyciad o'r S *crisp* sydd yn golygu 'having a surface curled or fretted into minute waves, ripples, folds or wrinkles' NED heblaw 'curly', + y terfyniad ansoddeiriol -*in*, megis yn *gerwin* (WG §153.10). Cyfeiriad at gnawd y gŵr. Gw. SE am enghraifft arall.

3.3 **cesseilwrn.** Baich dan gesail, *cesail* + *bwrn*. Ar *bwrn* 'baich' gw. EEW 155. Dyry DWS *kessailwrn* heb ei ddiffinio. At yr enghreifftiau yn SE ychwaneger AL ii. 308 Pwy bynnac a watto *kesseilwrn* ny thalo trugeint neu vwy, rodet lw pymwyr; ML ii 86 Ddoe diweddaf y daeth yr enwog a'r haedd barch fardd Ieuan offeiriad i'm hymweled ar ei ddeudroed ol o Lan Llechid a *cheseilwrn* o FSS. Noder y gwahaniaeth rhwng baich *ar y cefn*, a *cheseilwrn*.

3.4 glassressawu. 'croesawi'n glaear, oeraidd', *glas* + *gresawu*. Ar yr anwadalu rhwng *crassaw, cressaw, grayssaw graessaw* gw. PKM 129. Mae'r ffurf yn g- yn fyw o hyd yn y De, cf. CanC 577 Di gêst *resso* gynt yng Hymru ; B 8.327 (Cwm Tawe) ; ZCP 20.409 (Cei Newydd). Am *glas* yn gwaethygu ystyr berf cf. PKM 242 *glaschwerthin* ; WM 423 *glaschwerthin* digius engiriawlchweru a oruc gereint ; CCh 128 sef a wnaeth bown yna *glaschwerthin* . . . ; Llanst. 6.169 a *glas chwerthin* gwed hinon / gwn gwen hawdd y gawn gan hon ; a cf. *glasowenu* isod 6.13.

Ni chymer y ferf *croesawu, gresawu* arddodiad yn ei chystrawen fel rheol, ond ceir *wrth* ar ôl yr enw *croeso, gresaw*, cf. PKM 12 *Crassaw wrthyt* y gennyf i, 14 *Cressaw* Duw *wrthyt*, eneit ; WM 386 a *gresso* duw *vrthyt* ; SG 194 *grassaw wrthywch* ac *wrth* awch kedymdeithyas.

3.6 bara heid. DWS 'Barly bred' ; B 3.199 bara cri haidd 'dyrnaid o flawd haidd yn y blawd ceirch i'w wydnu a'i yrru yn debyg i gacen soda ein dyddiau ni' (tafodiaith Penllyn). Ar fara haidd fel bwyd y tlodion gw. Evans, *Cwm Eithin* 4,14,46-7.

glastwfyr llefrith. Cf. MM 42 truy *lastwr* geiuyr, 44,76 truy *lastwr* llefrith ; CCMss 179 byrr ei glyst bara a *glastwr* / ag enwyn noeth ai gwna n ŵr ; WLB 13 ne *lastwr* o laeth geifr, 81 *glastwr* o laeth geifr ; F-C 150 *glastur, glastura, glasturadd*. Digwydd y ffurfiau *glasddwr* a *glasdwr* yn ML ii. 278, 293. Un ffurf ar lafar yn y De yw *glastwn*, cf. B 5.332 (Dyffryn Aman) 'llaeth a dŵr yn gymysg' ; B 7.355 (Ceinewydd) 'dwfr a llymaid o laeth enwyn ar ei ben', *glastwn llefrith*='dŵr a llaeth llefrith yn gymysg', GDD 143 'A drink consisting of equal parts of skimmed milk and water. So called probably from its colour, which is of a pale bluish tint, especially if the quantity of the water exceeds that of the milk'. Dyma'r esboniad amlwg ar y ffurf *glastwr* wrth gwrs ac nid oedd yn rhaid i Loth ymdrafferthu â'r *glas* sy'n golygu 'afon', *Mélanges H. D'Arbois de Jubainville*, RC 34.181 ; anodd hefyd yw derbyn tarddiad WG. 83 [<*glakt-s]. Y gair HWydd. yw *englas* [gw. Dict. RIA d.g.], GwD *eanglais, eanglas, anglais*. Cf. *llaeth glas* 'llaeth wedi ei ddihufennu' (Dyffryn Aman) B 5.333. Gwrthgyferbynner llaeth *enwyn*,

DWS 'Cherned milk', JD Butilamen, lac serosum, lac agitatum, lac butinaceum, lac secundarium ; TW dan *Oxygala* ; WLB 40 kymer bikynned o *enwyn* sur ; F-C 123. Llaeth enwyn yw'r gwaddod a geir wedi corddi ymenyn, hynny yw, llaeth *gwyn* wedi colli ei wawr felen. Ar *enwyn* 'purwyn' gw. VKG ii. 1 'sehr weiss', cf. enfawr, enrhyfedd, enwyllt. Nid rhaid ei darddu o'r Ll. *unguinis* fel y gwneir yn ZCP 7.469.

Am fath tebyg o groesawu glastwraidd cymharer derbyniad oeraidd y bardd yn llety'r fynachlog yn Cork yn y chwedl Wyddeleg *Aislinge Meic Conglinne* 'Breuddwyd Mac Conglinne' t. 13 : Berar a chuitig-sium amach, ocus is í proind ruccad ann : cúachán do médgusci na heclaise, ocus dá óibell tened immedón suipp sílcátha corcca, ocus dá fhót do úrmónaid 'ducpwyd ei ddogn allan, a dyma'r swper a roddwyd iddo : cawgaid bach o faidd yr eglwys, a dwy wreichionen o dân ynghanol swp o wellt ceirch, a dwy dywarchen o lasfawn'. A dyma rai o Gasbethau Ieuan Brydydd Hir, AP 60 'a than gwrysc wern wlyb [amr. a gwrysg gwern myglyd], a bara caletlwyt . . a chwerwvrith lastwr . . a newyn wedy bwyt, a gwynt drwy baret'.

3.7 **dygyuor.** gw. PKM 94 'casglu ynghyd, codi', 187 'cyffro, berw, helynt'. Yma=gwth sydyn o wynt a glaw.

Cf. AMC 11 Hil-lathi na teorai in lá sin .i. gáeth ocus snechta ocus fleochud ina dorus, coná fárcaib in gáeth sifind tuga nó minde lúatha cen scúabad lee dar in dorus aile fo cholbaib ocus fo immdadaib ocus fo clíathaib in rígthige 'Un o ddyddiau y tri pheth oedd hwn, sef gwynt ac eira a glaw yn y drws, fel na adawodd y gwynt na thusw o wellt nac ysmotyn o ludw heb ei ddysgub ganddo trwy'r drws arall dan feinciau a gwelyau a chlwydydd y tŷ brenhinol'.

3.9 **aghenedyl.** Ystyr y frawddeg yw na allai neb fynd allan gan faint y gwynt a'r glaw. Nid oes sicrwydd beth yw elfennau'r gair *anghenedyl*. Dyry GMWL enghraifft ohono mewn brawddeg sy'n disgrifio'r tair gwaith y dylai'r brenin wasanaethu ar y pengwastrod, a'r olaf yw 'a dale y uarch pan el yu *anghenetyl*', ('a necessary or imperative journey'). Awgryma hyn y dylid darllen yn y testun *y'r aghenedyl* ac nid *yr aghenedyl*, a chymryd mai cyfansawdd yw o *eddyl* 'rhaid, amcan', CA 200.

Ond yn ôl Anwyl dan *anghenedl* 'alien nation' ceir †Myned i'r a. 'go abroad'. Rhestrir ef hefyd dan *cenedyl* yn G.

3.11 **tyle**. Peate, WH 94-5 'This is translated by Lady Charlotte Guest as "couch" but it can best be interpreted as "raised platform" ' ; h.y. nid y gwely ei hun ond rhyw lwyfan y taenid gwellt arno. Ni all *tyle* gyfateb i *tolg* Gw. 'gwely' fel y dywedir yn GMWL dan *traustele*. Ond gellid **twly, twl, toly, tol* a rhoesai *twl + *lle* y ffurf *tyle*. Esboniai hyn pam y mae *tyle* yn y testun yn fenywaidd (gan gofio mai ben. yw *lle* mewn Cym. C.), gw. ELl 25. Gall *tyle* hefyd fod yn gytras â'r Gw. *tulach* 'bryn, twmpath'. Am enghreifftiau gw. ELl 25-6, ac ar y posibilrwydd fod dau air mewn Cymraeg, y naill yn golygu 'llwyfan' a'r llall 'gwely', gw. WH 95. Ar *teispantyle* fel enw ffigurol ar amddiffynnydd y cartref gw. LlB 224-5. 'Bryn, rhiw' yw'r ystyr arferol i *tyle* yn y De, cf. B 5.337 (Dyffryn Aman) a gw. TrCy 1917-8, 106-7 am enghreifftiau yng ngwaith Pantycelyn. Mae'n gyfystyr â *Tabernacl* yn TWS 484, 488 ; cf. Arthur yn eistedd ar *deml*, WM 112a, CA 244. TJ 'llety, llawr ty'.

3.12 **dysdlyt**. 'llychlyd'. DWS dystlyd 'Dustie'. Am *dwst* cf. 17.17 isod, a EEW 37, SE d.g. Cf. DFf 64 a bwrw oddwrthyd y mwc ar *dwst*, WLB §421 ; G. dan *dust*.

chweinllyt. Cf. AP 33 gwely *chweinllyd*; TW dan *pulicosus*.

3.13 **gwedy ry ussu**. Cf. ar 2.17 uchod.

3.14 **y meint gwellt**. Cymaint o wellt ag a oedd yno, y cwbl o'r gwellt, PKM 212, CA 71. Ar y gystrawen gw. B 10.212-7, 297.

3.15 **breckan**. 'carthen, gwrthban'. Gw. GMWL, LlB. Benthyg o'r Gw. *breccán* 'a chequered cloth, plaid', CIL 251.

toll. 'tyllog', ben. *twll*, CA 70.

tannwyt. Dwy ferf wahanol yw *tannu* a *taenu*, gw. B 2. 290 a CA 254. Ond fe'u cymysgwyd yn gynnar. *Tannu gwely* yn y De yw 'cyweirio, to make a bed', cf. DFf 90, CanC 436 Y mae Angeu'n *tannu'r gwely*, Gwedi'r trafferth inni gyscu ; PGG 338, Deff. Ffydd 232. Am y gystrawen cf. LlDW 38 a *tanu* y dyllad *arnau* enyu teuo tranoeth, 45 y naud eu or pan *dano* y dyllat *ar* e guely enyu tenho dranoeth ; 81 a *tanu* mantell *arnau* ; SG 3 a dwyn llenn o bali a oruc ef ae *thannu ar* yr eistedua.

3.16 **llenlliein.** DWS 'a shete', JD lodix, linteum, lecticaria ; TW dan lodix, linteum ; GMWL, LlB ; WM 393 a morwyn a oed gyr y llaw a chrys a *llenlliein* ymdanei gohen yn dechreu atueilaw ; 394 BSM 11 a *llennllieinav* yn i kylch 'lintea' ; WLB 49 a throi *llenlliain* lan yn i gylch ; Act 10.11, Barn 14.12,13. Math o gwrlid felly yw llenlliain yma.

trychwanawc. G-N 'full of slits', L 'tout troué', E-L 'slits'. Nid oes ystyr iddo os cymerir mai o *chwannawc, chwant* y daw. Ai bai am *chweinawc* (<*chwannen, chwein*) ?

3.17 **gobennyd.** 'clustog' fan yma fel y disgwylid gan air sy'n dod o *go* + *pen* ; cf. HG gl. cervical VVB, a TW dan cervical ; JD pulvinar, ceruical, B 10.28 A guede y lehav ene wely dodi y deispan arnav a dodi e benn en araf ar e *gobennyd* ; Mc 4.38 (S. 'cushion', ond Ll. cervical), TWS yn cyscu ar *obenydd* ‡glustoc ysmwythfa. RP 1034 gorwyn blaen brwyn brigawc vyd pan danner dan *obennyd* ; 1 Esdras 3.8 (Ll. cervical) ; F-C 'bolster'. Yn y Cyfreithiau 'cushion' yw'r ystyr fel rheol, gw. GMWL a LlB d.g. Cf. WM 127 yd oed gwr gwynllwyt yn eisted ar *obennyd* o bali ; 393 ac yn y lloft y gwelei gohenwreic yn eisted ar *obennyd*. Defnyddir *gobennydd* yn yr ystyr 'crau, socket' mewn traethawd ar Felinyddiaeth, B 8.300 kynal y paladyr yn vnion lle dyly ar y *gobenyddie*. Magodd y ferf *gobenyddu* yr ystyr o orffwys, pwyso, LlHN 326 Gan hynny, pa vn ai ffydd sydd yn *gobenyddu* ar etholedigaeth, ai etholedigaeth ar ffydd.

tudet. 'casyn y gobennydd', cf. F-C 557 'pillow slip'. Ar *tuddedyn* 'covering, coverlet' gw. CLlH 225, CA 275. Am dudded gobennydd cf. WM 226 a thynnu *gobennydeu* amhyl a *thudedeu* or bliant coch udunt y danaf ac ym kylch ; RM 162 yd oed yr amherawdyr arthur yn eisted .. a *gobennyd* ae *dudet* o bali coch dan penn y elin ; WM 610 (Pen. 7) ac ar lann y llynn ef a welei gwr gwynllwyt telediw yn eiste ar *obennyd* a *thudet* o bali amdanaw (Pen. 4 WM 127 a gwisc o bali ymdanaw). Am enghreifftiau eraill='gwisg, lliain' cf. H 12 daear *duted,* 203 syndal *duted* ;

IGE 254.28 ; FfBO 45 ; WLB t. 63. Am ei darddiad gw. RC 41.228-9, 43.162-3, B 2.296.

Mae disgrifiad tebyg iawn o ddillad gwely yn AMC 11 : Sétigi in tige áiged ocus sé timmthasta timmaircthi ina lebaid, ocus ba mílach dergnatach éside 'brecan y gwesty wedi ei rholio'n sypyn yn y gwely a hithau'n lleuog, chweinllyd'.

3.20 **goualu.** Yn yr hen ystyr, sef 'poeni, blino, worry', PKM 288. Berfenw goddefol. Cafodd mab Conglinne ei boeni gan chwain hefyd, AMC 11 Acht cena ba liridir fri gainem mara nó fri drithrenna tened nó fri drúcht im-matain cétamain nó fri renna nime mila ocus dergnatta ic guilbniugud a choss, condagaib emeltius 'ond yn wir cynifer â thywod y môr neu â gwreichion tân neu â gwlith ar fore o Fai neu â sêr y nef oedd y llau a'r chwain yn cnoi ei goesau nes y cydiodd lludded ynddo'.

3.21 **hyt na allei.** 'gan na allai'. Gellid efallai ddal bod ystyr y ferf *goualu* yn rhedeg ymlaen ac mai cymal adferfol canlyniad sydd yma='fel na allai', cf. PKM 220.

3.13 **llei boen.** Enghraifft o dreiglo enw ar ôl ans. yn y radd gymharol, er gwaethaf WS. 47.

croen y dinawet melyn. A oes adlais yma o weledigaeth Brutus wedi gorwedd ar groen yr ewig wen o flaen allor Diana ym *Mrut y Brenhinedd* ? Cf. RBB 52, BD 14, BB 17.

3.24 **parth.** Gw. uchod ar 2.19.

3.25 **yn gytneit.** 'cyn gynted', cf. ChO 19 Ac yn gytneit ac y kyhyrdawd a'r we, glynu a wnaeth y thraet a'e hadaned yndaw.

3.27 **Argygroec.** Argyngroeg, bellach Gungrog Fawr a Gungrog Fechan ger y Trallwng. Gw. Owen, *Pemb.* iv. 617.

gohen. 'hynt, cyfeiriad, tuedd'. *Ar ohen* yw *oblique* TW. Gw. CLlH 110 am enghreifftiau a cf. WML 31 (y gof llys) Ef bieu gobreu merchet y gofein a uwynt ydanaw ac wrth y ohen ('wrth ei orchymyn').

3.28 **Ryt y Groes ar Hafren.** Derbyniodd Lady Guest awgrym Gwallter Mechain mai lleoliad y rhyd hon oedd Aberriw (Berriew) ym mhlwyf Forden. Fe'i dilynwyd gan Loth, a cf. *Inv.Anc.Mon.* (Montgomery) Rhif 183. Rhoddodd J. E. Lloyd (TrCy 1899-1900, 129-30) resymau dros wrthod hyn ac awgrymodd gymdogaeth y Trallwm a Buttington. Ceir ymdriniaeth helaeth â'r pwnc yn Owen, *Pemb.* iv. 618-9, 649-50, a dadleuir yno mai wrth bont Buttington yr oedd Rhyd y Groes. Bu brwydr bwysig iawn ar y Rhyd yn 1039 pan orfu Gruffudd ap Llywelyn ar Saeson Mercia, cf. RBB 266 *y vrwydyr gyntaf a wnaeth yn ryt [y] groes ar hafren* (BrT 17a *y vrwydyr gyntaf a vv idaw yn ryd y groc ar hafren*). Gw. Rhagymadrodd xviii.

4.1 **tra'e gefyn.** 'yn ei ôl', gw. PKM 241.

4.2 **gwraenc.** 'macwy, ysgwier'. Y ffurfiau arferol mewn CC. yw *gwranc, gwryanc, gwreanc, gwreang* a *gwryang*, i gyd yn fyrhad ar *gŵr ieuanc*. Y lluosog yw *gwreinc* ac efallai ddarfod llunio'r ffurf anarferol *gwraenc* o hwnnw ar ddelw *draen, drain*, gw. B 1.15-18. Daw *gwreng* o'r bychanigyn *gwrengyn* ac ystyr ddiweddar yw 'y werin bobl'.

4.3 **newyd eillaw.** Cf. CCh 151 *ef a dybygassei may bugeil oed yr esgob am y welet yn newyd eillaw a gwedy torri y wallt.*

4.4 **dwygoes.** Y coesau ôl.

deulin. Y coesau blaen.

4.5 **pali.** Math o sidan, gair benthyg o'r Ffr. *paile*, PKM 107. Gan mai brocêd ydoedd, cyfeirir at ei wnïo ag edafedd glas.

4.6 **adaued.** Ceir y ddwy ffurf *edafedd, adafedd* fel lluos. *edau* mewn CC., cf. WG 210 a *celanedd, calanedd*.

eurdwrn. Mae *órdorn* yn epithed cyffredin i ddisgrifio cleddyfau'r arwyr Gwyddelig, gw. Dict. RIA d.g. Cf. WM 389 a *chledyf eurdwrn ar [y] glun* ; 455 *Cledyf eurdwrn ar y glun*. Gw RC 31.507, 40.355, 46.314.

4.7 **cordwal.** Lledr enwog Cordova, Sbaen. PKM 235 a gw. SE d.g. Fel rheol defnyddid ef ar gyfer esgidiau.

carrei. Cf. *Mediaeval England*, gol. H.W. C. Davies, Oxford, 1924, t. 174 ". . and a surcoat reaching to just below the knee was confined round the waist by a strap (*cingulum*). A long and heavy sword was suspended from a broad transverse belt, in its turn supported behind by an attachment to the *cingulum*". Y garrai a gynhaliai'r cleddyf.

4.10 **y llenn [yn] las.** Cywiriad amlwg os cymherir isod 5.24 *a godreon y llen yn velyn*. Atalnodi esgeulus gan gopïwr y Llyfr Coch.

ac a oed las o wisc. Y cwbl o'r wisg a oedd yn las, cf. PKM 184, B 1.105-6.

4.12 **ffenitwyd.** Coed ffyr. JD ffynnidwydd, *abies*. Cyn lased a dail y ffynnidwydd ; TW dan abies, abiegnus, sapinus ; TJ the Firr-tree ; TR a fir-tree. Cf. BT 24 *Fenitwyd* ygkynted ; WM 230 ac ym pherued yr ystrat y gwelei pren mawr a glassach y vric nor fenitwyd glassaf ; LlA 94 *ffynnidwyd* ; DGG LXX. 17 ; B. 10.28 Ef a gyweryws prenvol or *fynitwyd* ae rwymav o byc a llafneu heyrn.

4.13 **druttet.** 'mor ffyrnig'. Hen ystyron *drud* oedd 'ffôl, dilywodraeth' ac yn ddiweddarach 'costus' ; gw. B 2.39, CLlH 109, G 390.

4.14 **dala ofyn.** 'ofnhau'. Ar *dal*, *dala* gydag ymadroddion yn mynegi meddwl a theimlad gw. G 291b.

4.16 **grynnei.** 'gwthiai'. Y berfenw yw *grynnyaw*, *grynnu*, a'r enw *gryn(n)* 'gwth, hwrdd', gyda'r tarddeiriau *g(w)osgryn ymosgryn* 'ymladd', a *gwrthryn*, *ymwrthryn* 'ymwthio', gw. B 3.54-5, CA 92, 342. Ceir enghreifftiau eraill yn DB t. 126. Gwthiai'r march ei anadl allan, L 'respirait', E-L 'snorted forth', gw. RC 41.217. Digwydd *grynniad* yn CCMss 50 ysgŵl gron is gwâl *grynniad* / y sy gref rhag sigo'r siad.

4.17 **pan y tynnei.** *y* yw'r rhagenw mewnol ar ôl *pan* yn cyfeirio at *anadyl* ; cf. *pan y gordiwedawd* isod 19.

Ceir disgrifiad tebyg o gawr yn anadlu yn llên gwerin Iwerddon, cf. Delargy, *The Gaelic Story-Teller*.

4.24 **kystlwn.** G 'perthynas, cysylltiad, carennydd'. Cf. ateb Edlym Gleddyf Goch i Beredur, WM 159 Ny chelaf vyg kystlwn ragot. Gwrthgyferbynner yr ymgom rhwng Gwalchmai a Geraint, WM 437 a dywedy di pwy wyt ... Nyt ymgystlynaf i vrthyt ti.

4.25 **llysenw.** Cf. LlA 6 A oes enweu y vihagel a gabriel a raphael. ys mwy y maent *llyssenweu* kanys o damwein y gelwis dynyon wynt velly ('agnomina') ; DWS 'A nyckname', JD cognomen, vulgo Nomen ignominiosum, a cf. JDD enw heb *senw*. Am y ferf cf. BC 139 ; CanC 199.

4.26 **pwy dy lyssenw.** Defnyddir *pwy* mewn CC. yn gyfystyr â *beth*. Ar hyn ac ar ei ddefnydd gydag *enw* gw. WG 289.

4.27 **Idawc Cord Prydein, Idawc uab Mynyo.** Ceisiodd Iolo Morganwg wneud sant o'r gŵr hwn a newid ei enw, cf. Bonedd y Saint yn MA 426b Iddew Corn Brydain ap Cowrda ap Kriadog freichfras ap Llyr Merini ; a *Iolo MSS* 123 Iddawc Corn Prydain, ap Caradawc Freichfras. Gw. LBS iii. 289-90 (Iddew). Cwbl ddi-les hefyd yw'r hanesion amdano yn y drydedd gyfres o Drioedd y Myvyrian, MA 403a-b. *Cordd*, yn sicr, yw ei lysenw, am iddo gorddi teimladau Arthur a Medrod, cf. G 164a.

4.29 **mi a'e dywedaf itt yr ystyr.** Y rhagenw mewnol *e* yn achub y blaen ar y gwrthrych *yr ystyr* ; cf. CLlH 121, CA 72. Mewn Gwydd. cf. LlHW glos 43 *sech r-a-cualid as n-é*, 'oblegid fe'i clywsoch mai ef'.

4.30 **Katgamlan.** Yn ôl yr Annales Cambriae, 154 [537 A.D.] "Gueith cam lann in qua arthur & medraut corruerunt". Heb fanylu ar yr holl ddadleuon a gwrthddadleuon dyma yn ôl traddodiad frwydr olaf Arthur a lle y cafodd ei glwyfo'n farwol. Y ffurf hynaf ar yr enw mae'n debyg yw Camboglanna a leolir bellach yn Birdoswald ar wal Rufeinig Hadrian yn y Gogledd, BD 275. Am y cyfeiriadau gw. G d.g. Cf. hefyd, Jackson, 'Once again Arthur's Battles', *Modern Philology*, XLIII. 56.

Anachroniaeth ddybryd yw disgrifio Camlan ac Arthur eto'n fyw ond rhaid cofio ein bod ym myd y breuddwyd lle y mae ffiniau amser yn ansicr, ac yn annelwig a gwahanol gyfnodau yn ymgymysgu â'i gilydd !

4.31 **drythyll.** 'bywiog, nwyfus', PKM 127, G 394.

5.3 **ym.** Ffurf sillafog ar y rhagenw mewnol ar ôl *pan*, WG 279, L & P §349 Note.

5.6 **erchi tagnefed.** Dyma'r term technegol am ofyn heddwch, CLlH 91. Cf. 18.7 *erchi kygreir*.

5.9 **yn haccraf a allwn.** Ar y gystrawen gw. Richards, 'Y radd eithaf gyda brawddeg berthynol', B 11.141.

5.10 **gyrrwyt arnaf.** 'fe'm henwyd'. Am y gystrawen cf. WM 452 A *gyrru* Kulhwch *arnaw* dy vrth y gaffel yn retkyr hwch. Yr ystyr gyfreithiol i *gyrru(ar)* oedd 'cyhuddo', PKM 144.

5.11 **ystovet.** Cf. RM 110 Gwynn hyuar maer kernyw a dyfneint. y nawuet a *ystoues* kat gamlan. *Ystof* 'warp' yw'r edau yn hyd y defnydd <Ll. *stāmen*, ELIG d.g. Gw. CA 385, B 11.96. Yn y testun='gosod neu drefnu'r rhengoedd'.

5.13 **Llech Las.** G-N 'possibly Glasgow', Rhys, *Arthurian Legend*, 16 'some place beyond the Forth was meant, but where ?'. *Llech* yma='craig fawr' fel yn Har(dd)lech, &c, CA 214.

5.14 **Prydein.** Gwell fuasai Prydyn, gwlad y Pictiaid. Ar y cymysgu rhwng Prydain a Phrydyn gw. Cy 28.63.

5.19 **trawsswch.** 'mwstas', *traws* + *swch*, gw. B 12.25.

5.20 **gosged.** 'pryd, llun, ymddangosiad', < *go* + *ysgeth*, B 6.113, CA 77.

5.10 **dylyedawc.** 'arglwydd', CA 263. BrT 11b=*uchelwyr* RBB 263. 'Dyn a chanddo fraint (dyled)' BM 22, G 422.

5.29 **ran.** 'share', rhan o'r ysbail neu'r tâl am garcharorion.

6.4 **Rwawn Bybyr.** Felly hefyd isod 7.11, 19.1. Yr oedd yn un o dri gwyn deyrn Ynys Prydain, cf. RM 300 ; AP 86. Y ffurf lawn ar yr enw yw *Rhufawn* <Ll. *Romānus* ELIG d.g. Y ffurf fer sydd wrth wraidd yr enw cyffredin *rhuon, rhufon* 'sawdwr', Geirfa WL, JD 'milwr', TW dan *athleta*.

Deorthach Wledig. Y ffurfiau eraill ar yr enw yw *Dorath* RM 106, *Dorarth* 300, *Drothach* AP 12. Os *Deorthach* sydd yn iawn, cymharer yr enw personol Gwydd. *Derthach, Durthach*, Hogan, *Onomasticon Goedelicum* d.g. Ar y teitl *gwledig* 'arglwydd' gw. PKM 162, BD 230.

6.9 **lluesteu.** Bythynnod a godid gan filwyr Cymru pan fyddent ar gyrch, GMWL 'hut, temporary dwelling during a campaign' ; JD tugurium, tentorium, a *lluestu*, castra figere tentoria figere ; TJ bŵth Bugail, a hefyd Gwersyll. Cf. WM 144 a mynet a wnaeth Peredur a Gwalchmei hyt yn *lluest* Walchmei y diot eu harueu ; DB 33, RBB 29, 32, 33, 36, 48 ; SG 352 ; GAC 126 ; RP 1043, &c. Am y ferf *lluestu* cf. CCh 176, 246, GAC 140, 152 ; *lluesty, lluestai*, Es 1.8, Hb 11.9 ; KLlB 116.

6.11 **ynys.** G-N, E-L 'island', L 'île'. Onid dyma enghraifft o *ynys* yn golygu 'dolau neu ddolydd ar lan afon, tir gwastad ar fin y dŵr', ELl 29-30. Sylwer mai ynys *wastad* yw hi. Gw. hefyd ELlSG 117-8 ; RC 35.290 ; DN 126.

6.12 **Betwin Escob.** Prif esgob Arthur yng Nghelliwig. Ceir hefyd y ffurf *Bedwini*, gw. G.

6.13 **Gwarthegyt vab Kaw.** Un o'r gwŷr a fu'n hela Twrch Trwyth, cf. RM 138. Saif y *-t* am *-dd*, ac am *gwarthegydd* fel enw cyffredin, 'ysbeiliwr gwartheg', gw. BT. 17, 56, 63; RP. 1047, 1344; MA. 123a.

6.14 **a'e gledeu trwy y wein.** H.y. yr oedd y cleddyf *yn* y wain. Defnyddir *trwy* 'yn, gyda' mewn ymadroddion megis 'berwi tato trwy'r pil', Morgan, B 9.126-7, a cheir llu o enghreifftiau yn y testunau : GAC 110 bryssywn yw briodolyon weithredoed herwyd yd edewit gennym *trwy* hen gyvarwydyt; B 2.30 Ot edeu dyn y uot yn gedymdeith ytt ac ymanheed a thi *drwy* eireu tec; PKM 11 a threulaw y nos honno a orugant *trwy* gerdeu a chyuedach, ual y bu llonyd ganthunt. Cyffredin yw *trwy* gydag enwau sy'n mynegi agwedd meddwl (gellid yn aml roi *yn* + ansoddair = adferf yn lle *trwy* + enw) : PKM 79 kerdet e ymdeith *drwy* y lit a wnaeth; SG 262 ac ar hynny tynnu eu cledyfeu a orugant *drwy* diruawr lit; CCh 167 Hwynt a ymhoelassant y wrthi *trwy* dolur a thristwch; SG 377 a bot yn well udunt veirw *drwy* anryded no bot yn vyw *drwy* gewilyd; Preg. 4.6 Gwell yw llonaid llaw *trwy* lonyddwch na llonaid dwy law *trwy* flinder a gorthrymder ysbryd (S. 'with', Ll. 'cum'). *Trwy* + berfenw, lle y defnyddid *dan, gan* mewn CD. : WM 616 a *thrwy* eigyon ac wylaw egori drws yr ystauell; CCh 134 a *thrwy* wylaw y dywawt bown yr ymadrodyon hynny. Cf. hefyd *trwy gennad* lle y dywedem ni *gyda chennad* : SG 357 myui a af yn llawen gyt a thydi *drwy* gennat arthur; 145 Ac am hynny *drwy* awch kennat chwi myui a gwplaaf udunt wy eu hewyllys. Ceir *trwy* 'yn, gyda' mewn ymadroddion arbennig eraill, e.e. gyda *hun* ' *cwsg*', *trais, twyll, teg, hagr,* &c.

6.15 **capan.** 'mantell', HS *cappa*, EEW 32, G d.g.

6.17 **muchud.** 'Jet'. Ystrydeb mewn CC. am rywbeth du, cf. WM 133, 140, 166. Gyda'r beirdd : CDG 38.24; DGG 131.19, IGE 215.16; TA 514.2; GGI 75.10. Cf. LlA 93 *muchud* gloywduaf, BT 25 Handit du *muchyd*, 55; DWS 'Gette'; JD Gagates lapis; TW dan ebenus, gagates.

NODIADAU 43

6.19 **alaw.** 'lili', gw. G. JD lilium, Bot. Alaw, y fagwyr wenn & Lili'r dwr, Nymphea candida, lilium, Iunonis rosa, nenuphar ; ACL 1.44 (162 lilium).

mein eskeir. 'main coes'. Am aelodau milwr yn safon cf. 14.2 kyn vrasset a garanvys milwr ; RM 166 llwyth pedwar milwr ; 202 ssef yd oed ystwffwl mawr yn llawr y neuad amgyffret milwr yndaw ; 210 llyma was gwineu telediw yn agori y porth a meint milwr yndaw.

6.23 **pa du.** 'pa le', gw. 2.28.

6.26 **glas owenu,** cf. 3.4.

6.27 **beth a chwerdy di.** *Chwerthin* yma yn ferf anghyflawn, gw. G 280. Am *beth* mewn cyffelyb gystrawen cf. CCh 123 *Beth* a ovynny di imi or mab ; RC 33.210 *Beth* a ymhoelaf attei pan ym bwryer unweith ywrthi ; 217 *Beth* a dwylluch ohonaf i val y crettwyf i y beichogi or agel. Golyga 'paham'.

7.1 **bawhet.** Gradd gyfartal *baw* 'bawlyd, budr', yma efallai = 'gwael'. *Baw* <Ffr. *boue*.

7.4 **y vodrwy a'r maen.** Cf. y fodrwy a'r maen hud a roddodd Eluned i Owain (RM 173), ond bod y rheiny yn cuddio Owain rhag golwg pawb.

7.7 **pei na welut.** 'pe na welsit', ffurf amhrff. Dib. ond ag ystyr y Gorberff., ef. PKM 121, CLlH 71, CA 90.

7.13 **med a bragawt.** Cyflog milwr yn yr hen amser oedd medd, gw. CA xlviii-xlix, 70. Ar *bragod* gw. CA 116.

gorderchu. Ystyr foesol bechadurus sydd i *gordderch-u, -iad* fel rheol, DWS gordde[r]ch, A lemman, gordde[r]chy, to do aduoutre, gordde[r]chiat, Aduoultrie ; JD gordderch concubina amasia ; gordderchu, alicujus ambire amorem & fauorem ; TW dan amica, concubina. *Adulter* yw gordderch yn y Cyfreithiau, LlB d.g. Fe'i defnyddir am uniad y tu allan i rwymau priodas, cf. cyngor ei fam i Beredur, WM 120 O gwely gwreic tec, *gordercha* hi ; a WM 134. 'Caru' ydyw weithiau, fel pan ddywed Eluned wrth Owain, WM 241 a minneu a af i *orderchu* itti. Ymddengys fod gordderchu hefyd yn rhan o dâl milwr dewr buddugoliaethus, cf. Peredur wedi lladd y gŵr du, WM 155 a thi a wely y sawl vorynyon hygar yssyd yn y llys hon. ti a gaffut *orderchat* ar yr vn y mynhut. Awgrymiadol yw'r hyn a ddywed

Brut y Brenhinedd am filwyr Arthur, BB 171 Canys vn arver oed holl villwyr arthur, ar gwraged a vei *orderchadeu* yr gwyr hynny . . ac ny mynhei vn wreic nac vn vorwyn yn yr oes honno vn *orderch* onyt milwr profedic, cf. RBB 203. Gwelir yr un arfer yn y chwedlau arwrol Gwyddeleg, cf. y tri arwr Loegaire Buadach, Conall Cernach a Cuchulainn yn cael dewis unrhyw un o gant a hanner o forynion yn *Fled Bricrend* 68, 80.

7.16 **reit.** 'brwydr', gw. CA 164, ClIH 178.

y deuant yn y vlaen ac yn y ol. Y ddwy safle anrhydeddus mewn brwydr oedd cadw'r blaen a chadw'r ôl. Yn y cysylltiad hwn diddorol yw canu Cynddelw i Freiniau Gwŷr Powys, MA (H 66-7) Cynnetyf y bowys kynnossod yn aer, yn aros eu raclod, ym blaen cadeu cadw aruod, ac yn ol diwetwyr dyuod. Un o freiniau Gwŷr Arfon yw : blaen guynet en e llueteu LlDW 75, cf. Cy 39.100.

7.20 **kychwynnu.** 'cyfodi', gw. G d.g., ClIH 160, CA 167.

7.24 **korueu.** Rhan o'r cyfrwy. 'Yr oedd dwy gorf, corf flaen a chorf ôl, a chodent yn bur uchel, nid fel cyfrwyau presennol y wlad hon' PKM 233, a gw. G d.g., B. 12. 15-6.

7.27 **brathu march.** 'ysbarduno', cf. CCh 125 ynteu val gwas dewr a glew a *vrathawd* y march ac ysparduneu.

7.28 **ysgeinwys.** 'gwasgaru, neidio, tasgu', cf. CA 156 a BD 122 Yna y guelit y tanllachar yn *ysgeinnyav* o'r arueu ganthunt megys mellt ymlaen taran.

7.31 **y trewis,** RM ac a trawei. Mae'n rhaid newid yma i gael cystrawen.

8.3 **yg kwaethach,** RM ygkwaaethach. Diwedd llinell yn y llsgrf ar ôl yr *a* gyntaf. Ar *kwaethach* fel gradd gymharol *cyfoeth, cywaeth* gw. PKM 116, ClIH 126.

8.7 **ae yr kyghor arnaf?** Cyfeiriad at arfer gyfreithiol lle y gellid taro gŵr er ei gynghori, cf. LlB 111 Teir paluaut ny diwygir : vn arglwyd ar y wr ynn y reoli yn dyd cat a brwydyr, ac vn tat ar y vab ynn y gospi, ac vn pennkenedyl ar y gar ynn y gyghori ; WML 126 ; AL ii. 550 Tair dyrnawd arglwydd ar ei wr, yn ei reoli : un a'i vrysyll [byrllysg], sev ei swyddwialen ; *un a phaeled ei gledd* (AO 'one with the flat part of his sword') ; ac un a phaeled ei law : ac nid oes saraad ar un o'r tri hyny, namyn addysg, a dangaws, a rhybudd rhag a ddrycai.

8.9 **druttet.** Cf. uchod 4.13 'byrbwyll'.

8.12 **yn lle.** = 'yn', 'as', gw. *Bibyl* 114 ar *yn lle* + enw = *yn* + enw yn y traethiad. Helaethiad yw hwn o'r defnydd 'instead of'. Ychw. yr enghreifftiau hyn : SG 54 Ef a gymerth hynny *yn lle* chwedyl, 114 na liwya ym *yn lle* pechawt amdiffyn vy eneit yn erbyn vymrawt, 192 Ac nac afranghet bod ytt arglwyd ac na vit *yn lle* mileindra gennyt yr na disgynnwyfi, 224 ac na chymer *yn lle* mileindra yd wyfi yn y dywedut wrthyt ; Hom. ii. 128 Cymmerwch hyn oll *yn lle* celwydd, oni ddywaid gair Duw ei fod ef yn wir. Mae enghraifft dda o'r radd ganol yn y datblygiad o *yn lle* 'instead of' i 'yn, as' yn RBB 190 achub mynyd mawr oed yn agos udunt a wnaeth y saeson a chynal hwnnw *yn lle* castell udunt. Am *yn lle* + ans. = adferf cf. TW *revera* 'yn lle gwir', B 10.25 Ac urth henne ednebyd di *yn lle* diheu ... CCh 251 my a dywedaf ywch *yn lle* gwir. panyw un ohonawch am ryd i.

8.16 **a wneir.** 'a ystyrir', cf. Loth i. 425, E-L 'dwells.'

8.17 **Adaon uab Telessin.** Un o dri aerfeddawg Ynys Prydein, RM 304. Arno gw. B 2.119 a G dan *Afaon*.

8.18 **traws.** 'cadarn, ystyfnig', CA 296.

fenedic. 'ysbrydoledig, brwdfrydig' i ddechrau, YCM 204, a chwedyn 'dewr, ffyrnig'. Gair cyffredin mewn CC., cf. WM 120, 616, RBB 138, BD 97, CCh 155, 169, 142, 152, SG 65, 270, 409.

Elphin uab Gwydno. Un o wŷr y Gogledd yn ôl y Bonedd (Skene, FAB ii. 454), Elffin mab Gwydno mab Cawrdaf mab Garmonyawn mab Dyfnwal Hen. Cysylltir ef â Thaliesin, cf. BT 19, 23, 33, 35, 40, 80 a gw. Cy 28. 113, 198, 235, Prydydd y Moch a'i 'yn dull talyesin yn dillwg elfin' MA 214b3, Phylip Prydydd 'yr pan vu elffin yghywryssed vaelgwn' 258b. Daw *Elffin* o'r Ll. *Alpinus*, ELIG 22. Gw. L i.358, G. 468.

8.20 **telediw.** 'hardd', PKM 148-9.

8.21 **bangaw.** 'huawdl, ffraeth', G d.g.

ehawn. Am y ffurfiau *ehof(y)n, eon, e(h)awn*, gw. G. 452 a cf. 8.15 *ehofnet*.

8.22 **kysseingaw.** Y berfenw syml yw *eingaw* 'to be contained in'. Y ffurf wreiddiol ar y berfenw oedd *genni* gyda'r rhediad *gannaf, genny, gein,* &c. Tybir yn CLlLl 30 a PKM 168 fod *gein* < *geing* (cf. *pring,* &c) a bod yr *ng* wedi lledu trwy'r ferf a ffurfio berfenw newydd *eingaw*. Awgrymir yn B 11.128 fod dylanwad y ferf *eng(h)i* 'dyfod, dianc' ar y ffurfiau yn *-ng-*. Am y ffurf a'r syniad cf. CLlLl 7. Ac nid oed dim ryuedach gan Lud, noc *eigaw* yn y kawell hwnnw peth kymeint a hynny.

8.24 **Gweith Uadon.** Yn 493 A.D. medd Beda, ond yn 516 medd yr *Annales Cambriae*, Cy 9. 154 Bellum badonis. Sonia Gildas am warchae ar *Badonici montis* (i.60), a Nennius am *bellum in Monte Badonis*. Bu llawer o ddadlau ar leoliad Baddon, cf. *Gildas*, i. 61-2. "It can at least be said that for historical reasons, the battle of *mons Badonis* is probably to be looked for somewhere in central southern England", Jackson, *Modern Philology*, XLIII. 56. Lleolodd Sieffre o Fynwy *Kaerbadum* (Caer Faddon) yn Bath (BD 216), a'i ddilyn ef a wna. awdur *Breuddwyd Rhonabwy* gyda'i awgrym fod Caerfaddon rywle gerllaw Hafren.

8.25 **Osla Gyllellwawr,** RM gyllellwar, ond cf. isod 19.4, 20.21 Gyllellwawr, RM 109, 140, 141. *Ossa* y'i gelwir isod 19.4. Atgof, mae'n debyg, am y Sais enwog Offa, brenin Mercia o 757-796 a chodwr y clawdd, gw. HW 197-201.

8.26 **ae kerdet ae na cherdych.** Diddorol yw'r gystrawen mewn cwestiwn anuniongyrchol dwbl lle y dilynir yr *ae* cyntaf gan ferfenw cadarnhaol a'r ail gan *na* + ffurf ferfol bendant (yn y modd Dibynnol fel rheol). Gwneir hyn oherwydd anhawster negyddu'r berfenw. Cf. AL ii. 22 Puybynnac a holo peth a dyuot yr maes ac yny maes kylyau o hanaw a bot yn well ganthau tewy no holy y gyureyth a at ydau tewy canys ydyu yn y dewys *ay holy ay na holo* ; ii. 414 Kyfreith a deweid bod yn y dewis ef *ae kadarnhau* tra vo ynny vrawdle *ae nas kadarnhao*. Dull arall mewn CC., a'r un a geir mewn CD. bellach, yw defnyddio *peidio* yn yr ail gwestiwn : RC 33.211 Guedy treiglaw o Ioachym yn y vedul beth a wnelei *ae ymchuelut ae peidyaw* ... (cf. CFG §§174-5).

NODIADAU

9.5 Karadawc Vreichuras uab Llyr Marini. Am y cyfeiriadau at hwn gw. G. Yn ôl Loth ef yw *Karadoc Brief-bras* y rhamantau Ffrangeg, i.285 n.1, 360 n.1. AP 30, 65.

9.7 is y gil. Tu cefn i Iddawg ar ei farch, 'pillion', gw. G d.g. *cil*. JD A tergo, post tergum, ponè ; TW dan postfero, postergo, posthabeo ; JD *isgilio*, postergare, TW abjectus, abjicio, dejicio, demoveo, depello, postmitto, proiicio ; TJ isgil, ysgil, wrth ysgil : behind a Horse-back. Isgilio : to ride before one on the same horse. Cael *sgil* a wnaem yn grots pan roem droed ar echel ôl beic a phwyso'n dwylo ar ysgwyddau'r marchogwr. Defnyddir y gair yn y dafodiaith Saesneg hefyd (ardal Castell Nedd), 'give us a skeel' !

9.9 Cevyn Digoll. Mae'r lleoliad yn sicr, sef Long Mountain yn Sir Drefaldwyn yr ochr draw i Hafren o'r Trallwng. Enwau eraill arno oedd Hir Fynydd a Hir Fryn, Digoll Fynydd, cf. G d.g. *Digoll* ; Owen, *Pemb*. iv. 666-8. Caer Digoll yw enw'r hen amddiffynfa bridd ar y mynydd (Inv.Anc.Mon. Montgomery Rhif 302).

9.13 waraf. G-N 'fair', L 'lentement', E-L 'splendid'. Camddarllenodd Loth y gair fel *araf*. Gradd eithaf *gwâr* ydyw, RC 41.386-, PKM 112 ; DWS gwar ne ddof, Tame, mylde ; JD clemens, mansuetus, mitis, cicur. LlA 51 Gweithredoed ereill *gwar* 'aliique pii labores' ; RBB 268 a *gwar* wrth pererinyon a dieithreit ; LlB d.g.

9.18 canwelw. 'gwyn gwelw, pale gray'. Fel disgrifiad o farch cyflym gw. CA 386, a cf. march Rhiannon, PKM 9.

9.20 y vydin burwenn. Cf. isod 29 y vydin purdu. Adwaenid gwŷr Denmarc yn y Canol Oesoedd wrth yr enw 'y genedl ddu'. Felly yn Iwerddon y *Dubgall* 'yr estroniaid duon oedd herwyr Denmarc, a'r *Finngall* 'yr estroniaid gwynion' oedd y Llychlynwyr, y Norwyaid. Cf. Loth i. 362, n.1, HW 322 n. 10.

9.22 March uab Meirchawn. Gŵr Esyllt (Iseult) ac ewythr Trystan (Tristan). Yr oedd yn un o dri llyngeswr Ynys Prydain, RM 303. Enwir ef yn Englynion y Beddau, BBC 67. Arno gw. RC 45.296 a'i gysylltiad â'r Llychlynwyr, DN 160.

10.1 **Edern uab Nud.** Gw. Loth i.262, n.3 arno, a G 438.

10.4 **a'e lu y kedyrn.** L 'et ses guerriers de l'île des Forts'. Ynys y Kedyrn=Prydain.

Kaer Vadon. Gw. uchod ar 8.24.

10.11 **lluruc ... modrwyeu.** Sef 'chain-mail'. Am fodrwyau yn y cysylltiad hwn cf. SG 18 Ar marchawc ynteu a drawawd y brenhin y adan y daryan yny rygaw[d] *modrwyeu y luryc*; RBB 198 a tharaw arthur yn y tal a wnaeth. A phei na ry bylei y cledyf ar *vodrwyeu* y benffestin. ef a vuassei agheuawl or dyrnawt honnw; B 5.214 ac yno a ymysgytwaf yny uo *modrwyeu y lluryc* yn dattodedic ual pei craswellt vei eu defnyd. Ll. *lōrīca* > *llurig* > *llurug*, CA 125, ELIG §32.

10.13 **hoelon.** 'rivets'.

10.15 **ae ffo a wna y llu ragof.** Cyfieithiad gwael iawn gan E-L 'will yonder host flee' sy'n colli'r holl bwynt, trwy gamgymryd *ragof* am *racco*. Camarweiniol hefyd yw L 'est-ce que l'armée que j'ai lá devant moi fuit ?' Rhan o gystrawen *ffo* yw *ragof*, cf. WM 231 o *ffoy* di *racdaw* efo ath ordiwed; LlA 25 ar engylyonn yn *ffo racdunt*; 57 megys y dysgwyt y Joseph arall *fo* yr eifft ar mab iessu *rac* herot; 71 kanys aghev a *ffy racdunt* wy; B 4.9 *Fo rac* dryctir, na *fo rac* drycargluyd (cf. Cy 7.141); RBB 156, RC 33.192; CCh 98; SG 33, 72, 284, 290, 308; B 2.34; DB A. 103; Gen 16.6; Ex 2.15; Barn 11.3. Cystrawen arall yw *ffoi y wrth, oddi wrth*: LlA 54, 166; RC 33.229; RBB 46; SG 93, 114, 147; 1 Macc. 4.5. Ymffrost Rhonabwy sy'n tynnu cerydd Iddawg am ei ben, felly 'is the host fleeing from me ?'

10.17 **clywit arnat.** Defnydd anarferol o *clywed ar*, cf. WM 438 Ni chlywir *arnaf* uyth heb y gwalchmei dy adu y vrthyf 'ni ddywedir, nid adroddir amdanaf'. Nid yr un ydyw â'r priod-ddull lle y golyga *clywed* 'teimlo', cf. SG 55 Ac ynteu a dywawt na chlywei *arnaw* chweith dolur; W. Hope, *Cyfaill i'r Cymro*, 1765, 29 Ni chlowa'i ddim *arna* mor bwyta dro *bâch* / Nid ydi fy nghalon her union bur iâch. Estyniad ar hyn yw *clywed ar galon*: Ymarfer 31 Os wyt ti yn credu fod Duw yn ddi-ffug, pa fodd y *clywi* di *ar dy galon* allael rhagrithio a bod yn ffuant 'wr ?; MK 95, 195; GIBH 212, LGO 12, &c.

NODIADAU

diuetha. RM diuethaf. Naill ai cymysgu *diuetha* (*difetha*) â *diuethaf* (*diwethaf*) neu achub y blaen ar yr *f* yn *vydut*. Cymeraf *diuetha* yma fel berfenw goddefol 'gŵr i'w ddistrywio, i'w ladd', megis yn WM 160 Pei dylyetus *difetha* kennat nyt aut ti trachefyn yn vyw at dy arglwyd. Ar ddefnydd goddefol y berfenw gw. B 11. 198–9.

10.19 **Kei.** Am y cyfeiriadau ato gw. G 122–3. Enw ei farch oedd Gwinau Gwddwf Hir.

10.25 **Cadwr, Iarll Kernyw.** Un o greadigaethau Sieffre o Fynwy yw'r arwr hwn. Benthyciwyd ef a'i swydd fel dygwr cleddyf Arthur gan awdur y *Breuddwyd* gyda chryn dipyn o frodio a helaethu. Cf. BD 159 . . . ac Araun uab Kynuarch urenhin yr Alban, a Chadwallavn Llavhir urenhin Gvyned, a Meuryc urenhin Dyuet a Chadwr urenhin Kernyv yn herwyd eu breint ac eu dylyet yn arwein petwar cledyf eureit yn noethon yn eu llav o ulaen y brenhin yn mynet y'r eglvys.

10.28 **ual dwy fflam o tan a welit o eneueu y seirf.** Gw. Loomis, Celtic Myth and Arthurian Romance, 246, am gleddyf tanllyd rhamantau'r Greal Santaidd a'r syniad am y lluched.

10.10 **trawsswch.** Gw. uchod 5.19.

seuedlawc. Am *sefydlog* yn ddisgrifiad ar flew mwstas neu farf cf. WM 468 Vchdryt uaryf draws a uyryei y uaraf goch *seuydlawc* a oed arnaw dros dec trawst a deugeint oed yn neuad arthur. Yr oedd mwstas Eiryn Wych yn debycach i wrych syth nag i flew sidanaidd. Ystyr arall sydd i'r gair yn LlA 139 (am Iesu Grist) a chnawt dynyawl idaw yn person *seuedlawc* gogyfuoeint ae dat o bleit dwyolyaeth. Ar *sefydlawc* yn y Gyfraith gw. LlB 181.

11.12 **gwedy rannu y vwng.** Berfenw goddefol, 'a'i fwng wedi ei rannu'.

11.13 **swmer.** 'baich, pwn' PKM 246, o'r S *summer, sumpter* EEW 112, 161. Ystyr arall yw 'trawst mawr dan ddistiau llofft', gw. IGE (geirfa), a cf. B 5.114 'trawst' (tafodiaith Llanerfyl).

11.15 **llenn.** Cf. RM 105 eithyr vy llong am *llenn* a chaletuwlch uyg cledyf, &c.

pali kaerawc. L 'paile quadrillée', E-L 'ribbed brocaded silk', cf. isod 16.26 a WM 386 a pheis a swrcot o *bali cayrawc* ymdanaw. Cyfeiria *caerog* at yr edau gyfrodedd, S. damask, JD caerog .. scutulatus ; SE 'wrought or woven'.

11.17 **aual.** 'cnap', cf. WM 389 a llen o borfor glas ar warthaf hynny ac *aual* eur vrth bob cwrr idi ; 455 ; LlB 98 Cledyf a uo eur neu aryant ar y *aual*, gwerth damdwg a uyd arnaw (geirfa 'pelen ar gain cleddyf, "capulum", cf. S. pommel' [< HFfr. *pomel*, cf. pomme 'afal']).

11.20 **ac vn o genedueu y llenn,** &c. Cf. llen hud Caswallawn fab Beli yn y Pedair Cainc, PKM 46.

11.24 **Owein uab Uryen.** Un o gymeriadau enwocaf chwedlyddiaeth Gymraeg. Ef yw arwr *Iarlles y Ffynnon*, ac ef yw *Yvain* y rhamantau Ffrangeg. Ar Owain ac Urien a gwŷr y Gogledd yn hanes y chweched ganrif gw. HW 163-5. Am ei gysylltiadau â Thaliesin gw. Cy 28 passim. Marwnad Taliesin i Owain ab Urien yw un o'r caneuon perffeithiaf yn yr iaith Gymraeg.

11.26 **gwydbwyll.** Gwerin eur a clawr aryant. Yr oedd mwy nag un math o chwarae â gwerin a chlawr. Heblaw gwyddbwyll ceid *tawlbwrdd* a *ffristial*. Ar y chwaraeon hyn gw. Frank Lewis, 'Gwerin Ffristial a Thawlbwrdd', TrCy 1941. 185-205. Am y termau gwyddbwyll, gwerin, clawr cf. WM 152, 174, t.91a Claur areant a welei yr wydbuyll ae gwerin o rudeur ; B 5.209, 211. Cysylltir y chwarae â seguryd a digrifwch gan Sieffre o Fynwy, BD 163, 176. Yr oedd yn un o'r pedair camp ar hugain, gw. y rhestr ar ddiwedd JD. Ei gymar Gwyddeleg oedd *fidchell* a cheir llu o gyfeiriadau yn y chwedlau arwrol at wychder y clawr a'r werin, cf. Tochmarc Étaíne, *Ériu* 12.174 Ba fir ón, clar n-airgid 7 fir óir, 7 fuursundadh cacha hairdi furri di líc logmair, 7 ferbolg di fighi rond credumae 'gwir oedd hynny, clawr arian a gwerin aur, a goleuid pob congl arno gan faen gwerthfawr a chod i'r werin o gadwynau efydd wedi eu plethu' ; Táin Bó Fraích, 3-4 Ba caín ind fhidchell. Clár findruinne and co cetheoraib auaib 7 uilneib óir. Caindel de líc lógmair oc fursunnud dóib. Or 7 arggat ind fhuirend boí forsein chlár, 'Gwych oedd yr wyddbwyll. Clawr efydd a phedair clust a chonglau aur. Cannwyll o feini gwerthfawr yn goleuo iddynt. Aur ac arian oedd y werin a oedd ar y clawr'. Cf. Loth i. 214 n.2.

12.3 **yny vyd.** Cymysg yw cystrawen *yny* yma fel y sylwodd yr Athro Parry-Williams, B 1.103, mewn nodyn ar ddefnyddio *yny* wrth adrodd hanes. Y drafferth yw bod y frawddeg yn hir iawn ac efallai teimlai copïwr y Llyfr Coch y dylai wneud ymgais i egluro mai'r macwy oedd yn dyfod o'r babell. Y gystrawen symlaf fuasai 'nachaf y gwelynt o pebyll ... makwy ieuanc ... yn dyuot' gan adael allan 'yny vyd', ond mae'r llwyth o ddisgrifio ansoddeiriol wedi mynd yn drech na'r ysgrifennwr. Gellid awgrymu hefyd adael allan yr *o* o flaen *pebyll*, a rhoi *yny vyd* yn y gystrawen—cydgordiai hynny â'r enghreifftiau eraill o *yny* a roddir yn B 1 *loc.cit.*

12.4 **yn glassu baryf.** A'i farf yn dechrau tyfu, gw. PKM 242. Yr un syniad a geir gyda *glaslanc, glaswas*, &c., a cf. S. greenhorn.

12.5 **swrcot.** HFfr. surcote (Loth i. 216. n.3). EEW 161 yn petruso rhwng benthyciad Ffr. neu S.C. At yr enghreifftiau yn EEW ychw. SG 6 ymywn peis o syndal coch a *swrcot* a ffwryr yndi o ermyn gwyn ; SDR 952.

12.7 **gwintas.** Math o esgid uchel. Gw. nodyn BM 18 a cf. WM 225 a dwy wintas o gordwal newyd am traed pob vn, cf. isod 13.10. GMWL 'buskins', L ii. 192 'souliers hauts, brodequins'.

12.10 **tri chanawl.** G-N 'three-edged', L 'triangulaire', E-L 'triple-grooved'. Am gleddyf trichanawl gw. isod 13.11, 16.29, 17.31. Am ellyn *deu ganawl* gw. RM 176. Hysbys yw *canawl* 'sianel, ceuedd, rhigol', G d.g. Cf. AL ii. 466 cleddyf triawchawl ; a gw. IGE 396. < Ll. *canalis*, ELIG 34.

swch. Swch tarian yw'r blaen pigfain, PKM 165. Swch gwain yw'r darn o fetel a roir ar flaen y wain rhag i'r cleddyf dreulio drwy'r lledr. Yr un *swch* sydd yn *trawswch*.

12.15 **ac nas kyfarchei.** Pan geir dau gymal cydradd, a'r cyntaf yn cynnwys berfenw cadarnhaol, os bydd yr ail yn negyddol defnyddir berf bendant, cf. ar 8.26 uchod. Dyma rai

enghreifftiau o'r berfenw dan reolaeth arddodiad fel yn y testun :
LDW 58 O deruit e din *gueihur* amot ac *na menno* y kadu ac *na guatho* er amot er argluit bieu kemell y kadu ; 30 Sef amser achaus e doythant e garauuys eno *urth delehu* o paup bod en yaun en er amser glan hunnu. Ac *na guenelhey* kam en amser gleyndyt ; SG 71 ony rody ditheu dy gret *ar uot* yn untuawc ygyt a myvi yn erbyn bop dyn ac *na wnelych* dim onyt a archafi. Mae hyn oll yn rhan o bwnc ehangach, sef y dulliau o negyddu'r berfenw. Am y gystrawen mewn C.D. gw. CFG §§75-7. Tueddaf i gredu mai Gorff. Dib. yw *kyfarchei* yn y testun ac nid Amhrff. Myn. fel y rhestrir ef yn G. Cymeraf fod y rhagenw mewnol yn *nas* yn cyfeirio at *gwell*, cf. ef a'e kyfarchwys y minheu gynneu, 19 isod.

12.20 **attat titheu y mae y neges ef.** Am y gystrawen cf. WM 143 Eissoes *negessawl* wyf y gan arthur *attat*. Y gystrawen arferol yw *neges wrth* : LlDW 42 Ny dele eyste en e neuat namyn ar tal y deulyn y gueneuthur *nekesseu urth* e brenyn ; PKM 11 yd oed *neges* idi *wrth* rei o'r maes hwnn pei gattei wrthpuythi idi y dywedut, 14 *wrthyt* ti y mae uy *neges* i ; 16 *negessawl* wyf *wrthyt* ; 30 *negessawl* yw *wrthyt* ti ; WM t. 91b Ba *negesseu* bennac a wnelit *urthaw* ny cheffit atep amdanadunt ; SG 258 ac a wney di vy *neges* i *wrthaw* ef ; 306 mawr a bechawt a wnaethost di pan ebryuygeist wneuthur vy *neges wrth* y marchawc a aeth ar daryan oth lys ; 394 a phei gwelwn i yr un onadunt wy mi a wnawn *neges* yr unbennes *wrthaw*.

12.22 **cennyat.** Ffurf arall yw *cannyat* < *cant* + *gad-u*, gw. PKM 138. O *caniad* + *hau* y daeth *caniatáu*.

gweisson bychein. Yn ôl E-L i.9 n.24 hyfforddid llanciau mewn milwriaeth rhwng 14 a 21. Yn eu blynyddoedd cynnar gelwid hwy'n weision bychain a phan orffennid eu hyfforddiant gelwid hwy'n facwyaid. Bron na ellid galw'r gweision bychain yn y testun yn 'pages'. Mae llenyddiaeth y Canol Oesoedd yn llawn o branciau'r bechgyn hyn a byddai poeni'r brain yn gast wrth eu bodd.

12.23 **kipris.** Nodir *kiprys* gan DWS heb ei ddiffinio ; JD ciprys, Raptus, concertatio, velitatio ; SE d.g. Cf. CDG 103 A chôr y serch a chariad / A choprs cerdd a *chiprys* cad 'a skirmish, a wrangle' (geirfa). Am *ymgiprys* gw. TW dan velitatio.

12.24 **kathefrach.** 'molestu', SE d.g. Nodir y cyfansawdd *ymgatewrach* yng Ngeirfa WL, TW dan confligo, praelior, procursus, velitatio ; TJ 'ymladd'.

12.28 **branos.** Ffurf luosog fachigol, WG 215. Ar Owain a'i frain gw. Chotzen, RC 45.278 a G. P. Jones, Cy. 35. 138 ; RC I. 32-57 ; Loth i.370 n.1 ; MA 150a19 (H 33a3) Marchogion Brynaich branhes Owain ; MA 252a25 Gwr a wnayth adaw adar ar gynrein val kicvrein ywein awyd ddaffar ; RM 192 (diwedd *Iarlles y Ffynnon*). Ac owein a trigywys yn llys arthur o hynny allann yn pennteulu. Ac yn annwyl idaw yny aeth ar y gyfoeth ehun. Sef oed hynny trychant cledyf kenuerchyn ar vranhes. Gw. Rhagymadrodd, xvi.-xviii. uchod.

13.9 **bwckran.** Petrus yw EEW 154 ai o'r SC. *buckeran*, *bougeren* ai o'r Ffr. NED *buckram*, 'a kind of fine linen or cotton fabric'.

13.12 **hydgen.** 'croen hydd', cf. isod 16.30 DWS a hartes hyde ; JD pellis, cervinus, mebris ; DG iv.30 ; WLB 40 kymer garrai o *hyddgen*. Ar *cen(n)* 'croen' gw. G d.g.

13.15 **drwc .. ar.** Am y gystrawen cf. RM 173 A phan deuthant y geissaw. ny welsant dim namyn hanner y march. A *drwc yd aeth arnunt hynny*.

13.27 **ruthur.** 'ysbaid, talm' (amser a lle). Ar *rhuthr* yn yr ystyr hon gw. CA 181, ac ychw. WM 251 a chilyaw a mynet *ruthyr* y wrthaw ; 152 Ac ympen *ruthur* y wrthaw ef a welei arwyd kyfanhed ; SG 70 a gwedy kyscu *ruthur* o honaw hi a deffroes ; 81 Ac ympenn *ruthur* gwedy hynny ; 88 A gwedy eu bot *ruthur* or nos yn gwylyaw velly, wynt a gysgassant ; 115 A gwedy edrych *ruthur* arnaw ef a adnabu panyw peredur oed; 148 A gwedy edrych *ruthur* o honunt ar y lladua honno ..

14.1 **gwaell.** 'brooch, pin'. DWS A pricke ; JD calamistrum acus ferrea vel lignea, clavus. Cf. LlA 96 a *gwaell* o rudeur yn kayu arnei ; 123 A beuno a rodes yr brenhin *gwaell* eur a rodassei gynan vab brochwel idaw yntev pann uuassei varw. ar *waell* honno a dalei trugein mu. Am *gwaell* 'gwaywffon' gw. isod 15.7. Golyga 'ysglodyn' yn SG 28 Ac yn taraw galaath a gwaew yny vyd yn *weyll* uch y ben ; 208 A gwalchmei ae trewis ynteu a dryll paladyr y waew yny yttoed yn *weyll*. *Gwaell ysgwydd* yw 'collar-bone', cf. WM 141 hyny torres y vreich a *gwahell y yscwyd* ; 143-4 torri a wnaeth y vreich deheu a *gwahell y yscwd*. Cer y ffurf *gwachell* yn y tafodieithoedd, cf. B 1.204. (Trefaldwyn), a *gwachell y neidr* 'dragon-fly' B 4.131 (Cyfeiliog). Dyry F-C y ffurfiau *gwiall, gwiallan* 'knitting needles', *gwiallan wallt* 'hair-pin'.

14.3 **twtneis.** Brethyn Totnes. Rhaid bod Totnes yn ganolfan enwog yn y Canol Oesoedd i roi ei enw ar frethyn, cf. E. Lipson, *The History of the Woollen and Worsted Industries*, London. 1921, t. 236 "Among the centres of the Devonshire cloth industry, which included Crediton, Totnes, Barnstaple, Pilton and Tavistock, two held pride of place—Exeter and Tiverton". Yr oedd Totnes hefyd yn borthladd adnabyddus, gw. y mynegai i RBB, BD, BB dan *Totneis*. Cynrychiola'r ffurfiau *Twtneis, Totneis* y cynaniad cyfoes, gw. English Place-Name Society, VIII, *The Place-Names of Devon*, Mawer & Stenton, Part I, t.334 Toteneis (1200), Toteneys (1243). HS. *Totta* (enw personol) + HS. *næ ss* 'penrhyn'. Am yr amrywio *-eis, -es,* cf. *Catneis (Caithness),* RBB, BD, BB (Mynegai). Yr ystyr 'taclus' a roddir i *twtnai* yn y geiriaduron (?trwy gamddeall y testun) : Geirfa WLl *twtnai* 'lliw llwyd, tywyll', *twtnais* 'taclus' ; JD 'idem quod *Tacclus*' ; TW limatê, yn bûr, yn lanweith, yn dacclus, yn *dwtnais*, yn ddichlyn ; rotundus, crwnn, cyfrgrwnn, talgrwnn, cryno, ffurfeiddgrwnn, tacclus, *twtnais*, cynnwys, perffeithgwbl ; concinno, addasu, cymmhesuro, crynoi, talgrynnu, *twtneisio,* pincio, gwychu, hoywi, tacclu, taccluso ; TJ twtnais, tacclus : neat, handsom, well decked ; TR 'adorned, decked, trim. The same as Tacclus'. Cf. LGO 19 Chwi welwch fy mod yn dechreu dyfod i ysgrifennu Llythyr Cymraeg yn o *dwtnais*; ML ii.566 . . and the other with Will Parry to Woodford Wells i dŷ Pedr Huws a hanyw o Llangwyfan, y sy'n byw yn ddigon *twtnos* yno.

14.8 **newydlif.** 'newydd ei finio, hogi', cf. CCh 157 Sef a wnaeth yr amherawdyr yna ar gyllell *newydlif* oed yn y law bwrw carfus a hi ; 160 hi ae byryawd a chyllell *newydlif* a oed yn y llaw. Ar *llifaid* 'miniog' gw. CA 131. WM 166 y gwayw *llifeit*, 455 deu par aryanhyeit *lliueit* ; LlA 71 heyrnn *lliuyeit*, BT 15, 67 ; RP 1435 ; H 104b (MA 203a) ; Pen. 49. 23, 90 ; DWS *llifaid* val arf, llifo, hogi ar vaen breuanllif, Grynde. Daw'r ffurfiau hyn o *llif* 'saw file' < Ll. *līma*.

14.10 **tuth.** DWS 'trot' ; JD equi succussatio ; gw. CLlH 165, CA 145 a cf. WM 141 yd ymhoelawd y varch a *thuth* grawth ganthaw ; Cy 4.122 ac y doant ar y llawn *duth* o bob ardal.

14.18 **gwryt.** 'chwe throedfedd', < *gŵr* + *hyd*, B 8.235, CA 61-2, ELl 27. A cf. CCh 133 mi a baraf dy dodi yn geol, ac y mae *degwryt* ar ugein o dyfnder yndi ; B 5.22 Prenn yssyd yg coet ydyn yn ynys prydein. tebic yw y goll. a *gwryt* yn hyt y deil.

14.23 **ac a vynno Duw, derffit.** Dihareb yw hon. Math o bresennol rheidrwydd yw *derffit* yma (o *darfod*), a gw. arno CLlH 179 ; B. 6.30. Am ddyfynnu dihareb mewn chwedl cf. a uo penn bit pont PKM 40.

14.25 **calettaf . . ar.** Am y cystrawen cf. Gen 35.16 yno yr esgorodd Rahel, a bu *galed arni* wrth esgor ; 1 Sam 1.15 gwraig *galed arni* ydwyf fi ; *Ymarfer* 45 ni bu *arnaf* fi erioed fwy *caledi* nac yr awrhon ; STG 11 Rhaid i bod hi'n *galed ar* ddynion mewn oedran cyn gwaeddo hwynt o ran eu caledi. Ansoddair cyffredin i ddisgrifio brwydr yw *caled*, cf. BD 16.3 18.6, 46.17, 185.13. Ac weithiau defnyddir ef fel enw = 'brwydr', CA 308.

14.27 **angerdawl.** 'aruthr, digllon' G, 'nerthol, grymus', PKM 264.

gorawenus. Gw. PKM 238 ar *gorawenu* 'codiad ysbryd, llawenydd'.

14.28 **bwrw lludet.** Cf. WM 249 a thi a deuy gyt a mi y *vwrw dy ludet* ti ath wyr ; 400 a mi a baraf enneint it a *bwrw dy ulinder ath ludet* yarnat ; RM 141 Ac odyno yd aeth Arthur y ymeneinaw ac y *uwrw y ludet* y arnaw hyt yg kelli wic yg kernyw. Ceir *bwrw blinder* yn WM 410 a chymerwch ych bwyd a *byrywch ych blinder* y arnoch ; 435 a thitheu . . a deuy gyt a myuy yn llys racco y *uwrw dy ludet ath ulinder* y arnat.

15.2 **llygeit ereill.** Ar adar yn tynnu llygaid dynion gw. Vendryes, 'L'oiseau qui arrache les yeux', RC 45.334-7 lle y cyfeiria at yr ŵydd yn BBC 97. Crychydd neu aran a wnâi hyn yn Iwerddon. Am gyfeiriadau mewn Groeg a Lladin gw. Vendryes, RC 46.202-3.

15.5 **asgellwrych.** Cf. 17.20 isod. 'Fluttering' yw'r ystyr a roddir gan yr Athro Ifor Williams, *Beirniad* 8.258 a PKM 236. Un o ystyron *gwrych* oedd 'chwaliad, tasgiad, gwasgariad'.

15.6 **kogor.** 'crawc, clwcian, trwst' G 160b.

disgyryein. 'gwaedd, dolef', G 372a.

15.7 **yn eu brathu ac yn eu hanauu ac yn llad ereill.** Cyfres o ferfenwau goddefol, cf. Henry Lewis, B 4.187, Morgan B 9.199='yn cael eu brathu', &c. ; CFG §67.

15.8 **a chyn aruthret.** RM a chan, efallai dan ddylanwad *a chan Owein* yn yr un frawddeg lle y mae can = gan.

15.12 **erchlas.** 'brychlas, dapple-grey', PKM 96-7.

breich. Ar *braich* = coes flaen march cf. 16.23, 17.25 a CA 225.

15.14 **hyt y mynwes y garn.** RM hyt ymynwes yewined y garn. Ychwanegwyd *y garn* uwch ben y llinell yn y llsgrf., a cf. 15.25 hyt y mynnwes y garn. *Mynwes* yma = y chwydd yn union uwch ben y carn.

15.17 **cwnsallt.** Y fantell laes a wisgid am farch ac am farchog, cf. 16.25, 17.30. WM 173 gwr oed a *chwnsallt* coch ar uchaf y arueu ; RM 181 ; IGE 7.6, 236.29 ; GGI 78.50 ; YCM 80, 98, Ceir lemma hir d.g. yn JD 'paludamentum, pallium bellicum, sagulum, &c ; a gw. TW dan chlamys, paludamentum. Cymer Morgan Watkin ef yn ffurf Anglo-Norman ar HFfr. *corselet*, S *corslet* (Tr.Cy 1919-20.65), ond rhaid cael gwell esboniad na hwn. Ll. *consolida* yw awgrym SE.

15.18 **syndal.** EEW 64 < SC. *sendal* < HFfr. *cendal, sendal*. Math o sidan. At enghreifftiau EEW ychw. YCM 98 ; RC 33.216 ; CCh 270 ; SG 6, 121 ; B 5.212 ; B 9.48 ; BB 169.

15.21 **lattwn.** Cf. isod 17.27 lactwn, 18.3 lactwnn. EEW 74 < SC. *latoun, latun* < HFr. *laton, leiton*. Cyfeirir yn betrus yn NED d.g. *latten* at darddu'r ffurf Ffr. 'o'r Ll. *lactōn-em*. Ai atgof am y Ll. sy'n cyfrif am *lactwn* yn Gymraeg ? Metel melyn; tebyg i bres, JD orichalcum ; TW dan hwnnw ac aes, aurichalcum cf. B 5.212 deudec gwely gwedy dinev o latwnn ; BB 213 (=BD 204 euyd, RBB 251 efyd).

15.22 **ewyrdonic.** Gw. ZCP 6.191-4 'Le cuir d'Irlande dans les Mabinogion' lle yr awgryma Gaidoz ddarllen *ywerdonic*, h.y. *iwerddonig*. Dyry dystiolaeth am enwogrwydd lledr Iwerddon yn y Canol Oesoedd. A cf. sut y daeth cordwal 'lledr Sbaen' i olygu unrhyw ledr da. Ysgrifennai copïwr y Llyfr Coch *y* am *e* yn bur aml.

trostreu. Daw'r unigol *trawst* o'r Llad. *transtrum*, drwy *trastrum. Cadwodd y lluos. yr *-r* mewn CC. ond bellach defnyddir *trawstiau*, ELIG. 47. Cf. *Trostre*, enw fferm ger Llanelli. Fel addurn ar arfau cf. 16.31; WM 167; MH 60. S. 'bar'.

15.24 **balawc.** Cf. 17.1, 18.2 isod. Fel y sylwir yn CA 346-7 gwahaniaethir rhwng y balawg a'r waeg. Os bwcl yw gwaeg, yna *tafod* y bwcl yw'r balawg. Geirfa WLl *balaw* 'tafod: bwcl'; JD a TW perizoma 'gwregys' am *balog*, a JD dan *balaw* 'gwaell bwcl'. Balog yw gair y gogledd am 'codpiece' (de 'copish'), cf. F-C 31.

16.3 **gwaell.** 'gwaywffon', cf. uchod, 14.1.

16.5 **penn y paladyr.** Ceid gwell synnwyr trwy adael y tri gair hyn allan a darllen 'gwaell . . . yn y law, ac o'e dwrn y vynyd yn rudgoch gan waet y brein . . .'. Ymddengys *penn y paladyr* fel glos ar y geiriau o'u blaen.

16.19 **nyrth.** G-N 'strength', L 'sans peine', E-L 'power'. Naill ai = *nerth* gydag *y* am *e*, neu hen ffurf luosog.

16.20 **yscoluaethu.** 'llarpio', ffurf ar *ysglyfaethu*. Ar y ffurfiau *ysglyf, ysgwfl, ysgylvyon* gw. CA 271, B 11.96-7.

17.8 **llettemmeu.** G-N 'overlaid with fine silver', L 'chevilles', E-L 'plated with silver'. Loth sydd agosaf. Daw *lletem* o *lled* + *hem* 'hoelen, rivet', B 4.58, CA 366. Cf. isod 18.8 gwedy y *lettemmu* ac aryant coeth.

17.23 **march olwyndu.** G-N 'piebald', L 'pie-noir'. E-L 'black and white', fel petai *olwyn* yn gyfansoddair o *gwyn*, Ond yn B 8.236-7 awgrymir mai 'carn' yw ystyr *olwyn* fel disgrifiad o farch, ac felly mai 'carnddu' oedd hwn. Gw. hefyd CLlH 118.

18.1 **moruarch.** G-N 'sea-horse', L 'morse', E-L 'walrus'. 'Morfil' yw ei ystyr fel rheol, gw. *Bibyl* 69, a cf. *Euch.* 9 Jonas ym mol y *morfarch*.

18.5 **ederyn egrifft.** Y ffurf hynaf ar y gair hwn yw *griff*, lluos. *griffyeit*, < Ll. *gryps, gryphis*, 'griffin', SG 369, 371 (dwywaith), 397, 398 (dwywaith), 399. Wedyn *-ff* > *-fft*, fel yn *telgrafft, enghraifft*, (B 2.45, EEW 250) a rhoi *grifft*, BT 52, GG1 29.50, 101.45 ; DWS 'polet'. [Gair arall yw *grifft* 'frog-spawn', JD, TW 'gyrinus', DG 170.1, LGO 96 onid yw Douglas fy hen feistr yn un o'u heppil hwy, neu'n tarddu o'r un grifft ? F-C 164]. Mae *egrifft* y testun yn debyg i *adar y grifft* DB 11.9 (n. td. 119), ac efallai saif yr *e-* am y fannod *y*, megis yn *aderyn y bwn*, &c. Benthyciwyd y gair eto yn y Canol Oesoedd naill ai o'r SC. *griffun, gryffon* neu'r Ffr. *grifoun* yn y ffurf *griffwn, griffwnt*, cf. SG 366, 391 *griffwns*, DB 11.21 *griffonyeit* (n. td. 120), GGl 74.63, 91.9, 97.34 ; JD, TW dan *gryps*. Cf. hefyd y ffurf hanner Lladin hanner Cymraeg *griffones*, LlA 165 a gw. EEW 139, 157, 249. Am drafodaeth ar *adar llwch gwin* = 'griffin' gw. DN 159-61. Ar *griffwnt* mewn herodraeth gw. MH 44 Dwyn griffwnt mewn arveu yw arwydd gwr ymladdgar kadarn a dau amravael nattur a chyneddf : canys y griffwnt yn y benn a'i ewinedd ysydd edyn a thebic yw i eryr ; a'r penn ol iddo ysydd debic i lew, ac am hynny edrycher arverev pob un val i gilydd.

18.10 **teulu.** 'gosgordd', gw. *penteulu* uchod 1.13.

18.20 **uot yn llad y vrein.** Goddefol, 'fod ei frain yn cael eu lladd'.

18.22 **Selyf uab Kynan Garwyn o Powys.** Enwir ei farch BBC 28 A Du hir terwenhit .m. selyw mab kynan garrvin, RM 306 ; yr oedd yn un o dri aerfeddawg Ynys Prydain, RM 304 ; enwir ei fardd *Arouan*, RM 306.8 (Cy 7.130) ; rhoddir ei achau, Cy 9.179b Selim map Cinan map Brocmayl ; bu farw yn 613 yn ôl *Ann.Camb.* 156 Gueith cair legion. et ili cecidit selim filii cinan.

18.23 **Gwgawn Gledyfrud.** Enwir ei farch BBC 27 a Bucheslwm seri march Gugaun cletywrut, cf. RM 306 bucheslom march gwgawn gledyfrud ; cyfeirir ato mewn dau o'r Trioedd

RM 304 ; nodir ei fedd BBC 67 Bet y march. bet y guythur bet y gugaun cletyfrut anoeth bit bet y arthur.

18.24 **arwed.** 3ydd un. Pres. Myn. y berfenw *arwein*, cf. *cywein, cywedd-*. Ffurfiau diweddarach yw *arweiniaf*, &c. Gw. G.d.g. ; L & P 314, 362.

18.29 **colledu Arthur o dim.** Am y gystrawen cf. WM 175 *Colledu* ohonot yr amherodres oe chlawr ; a gw. G dan *colledic*. At enghreifftiau G o *colledu* ychw. B 2.23 kanys ny phery yn hir [lawenyd?] y neb ath *golledawd*.

Blathaon uab Mwrheth. Yr un gŵr efallai ag yn MA 222a1 Llaith arfaith arfod *blathaon* , a cf. Penrhyn *Blathaon* , G 57. Enw Gwyddeleg yw *Mwrheth* < *Murchadh*, cf. RBB 264 *Mwrchath* ab Brian, 325 Diermit ab *Mwrchath*.

19.2 **Hyueid Unllenn.** Cf. 18 isod. Un o filwyr Arthur, RM 107. Gw. ar *Heueyd* PKM 129-30. Ar *Maesyfed* (Maes Hyfaidd) gw. Owen, *Pemb.* i. 202.

19.4 **erchi kygreir.** Cf. 5.6.

19.5 **pythewnos a mis.** Dull o benodi amser sydd yn gyffredin mewn Cymraeg a Gwyddeleg, gw. PKM 182 a cf. WM 446 a *ffethefnos a mis* y buant yno.

19.8 **rynawd.** 'ysbaid', = 'rhuthr' yn wreiddiol, cf. CA 181 a gw. ar 13.27 uchod.

19.12 **Gwalchmei uab Gwyar.** Cymeriad amlwg yn y chwedlau Arthuraidd Ffrengig. Enwir ei farch yn BBC 28 a kein caled .m. gualchmei ; ei fedd 63 Bet gwalchmei ym peryton.

19.13 **Riogan uab brenhin Iwerdon.** Cf. RM 265 a Riogoned uab brenhin Iwerdon.

19.14 **Gwenvynnwyn uab Naf.** Un o filwyr Arthur, RM 107, 108 gwenwynwyn m. naf gysseuin ryssur Arthur. Yr oedd yn un o dri llyngeswr Ynys Prydain, RM 303 (Cy 7.127).

19.15 **Howel uab Emyr Llydaw.** Un o arwyr Sieffre, a cf, RM 232, 265. Ar *emyr* 'ymherodr, brenin' gw. B 11.34-6. BD 236, 268, G 474.

Gwilim uab rwyf Freinc. Cf. RM 265. Daw *Gwilim* o ryw ffurf ar y Ffr. *Guillaume*. Hysbys yw *rhwyf* fel term ffigurol am frenin. A ddewiswyd ef yma fel y gair Cymraeg tebycaf i *roi* ?

19.16 **Danet mab Oth.** Ar *Danet, Tanet = Thanet* gw. G 295 a'r cyfeiriadau at y personau *Tanet.*

Goreu [uab] Custennin. Cf. yr esboniad ar ei enw RM 127, hefyd 140, 142, 246, 265. Ef a ryddhaodd ei gefnder Mabon fab Modron o garchar, RM 300, ac ef a ryddhaodd Arthur, 306.

19.17 **Mabon mab Modron.** Am gyfeiriadau ato gw. RM 124, 128-32, 140, 141. Ac fel un o'r tri charcharor, RM 300, 306. Ceir trafodaeth gan yr Athro W. J. Gruffudd, Cy 42.129-.

Peredur Paladyr Hir. Arwr y rhamant *Peredur fab Efrog,* a *Perceval* Chrétien de Troyes. Am gyfeiriadau ato gw. Loth ii. 47 n.

19.18 **Twrch mab Perif.** Un o filwyr Arthur, RM 107.

19.19 **Nerth mab Kadarn.** Un o'r enwau gwneud yn *Kulhwch ac Olwen,* RM 107.

Gobrw mab Echel Uordwyt Twll. Enwir ef RM 107. Ar *forddwyd twll* fel disgrifiad, cf. CLlH 70-1.

19.20 **Gweir mab Gwestel.** Un o dri thaleithiog Ynys Prydain, RM 303. Camgopïwyd ei enw RM 194 *geneir gwystyl.* Yr oedd yn hysbys i'r Gogynfeirdd, MA 233a *gur a wnair fal gwair fab gwestl* ; 300b *Haint a'th glwyf fy rhwyf ail rwysg Gwair fab Gwestl* ; 208b neun gwneir vegys *gweir vab gwestyl.* Ymddengys fel *Gweir ap gwedl* yn Llyfr Basingwerk, BB 168 ond camgopïo amlwg yw hwn.

Adwy uab Gereint. Un o filwyr Arthur, RM 106.

19.21 **Dyrstan mab Talluch.** Gŵr enwog a chyfeiriadau aml ato yn y Trioedd, RM 303, 304, 307. Sonnir amdano gan y Gogynfeirdd, gw. Loth i. 373 n.2, G 394. Ef yw cariad Esyllt, a Tristan yw ei enw yn y rhamantau Ffrangeg. Am y stori Gymraeg gw. B 5.115-29.

Moryen Manawc. RM 106 Moren Mynawc. Arno ef ac ar *mynawg* 'enwog, gwych' gw. CA 157, 168, 188.

19.22 **Llacheu mab Arthur.** Un o dri deifniawg Ynys Prydain, RM 302. Cyfeirir ato BBC 96 Kei guin a *llachev* digonint we kadev. kin gloes glas verev. Sôn am ei ladd BBC 99 Mi a wnn lle llas *llachev* mab arthur uthir ig kertev. ban ryreint brein ar crev ; MA 252a Val e llas *llecheu* is llechysgar. Gw. Loth i. 374 n.1.

19.23 **Llawuroded Uaryfawc.** RM 108 llawnrodet. Yn ôl Loth i. 268 n.6, dau berson gwahanol, ond mae'n sicr taw tynnu ar restr *Kulhwch ac Olwen* y mae awdur BR yma.

19.24 **Moruran Eil Tegit.** RM 108, 304. Cf. Morvran vab Tegid AP 15 ; a gw. Loth i.294 n.1.

Ryawd Eil Morgant. RM 300 tri ouer uard ynys prydein. arthur a raawt eil morgant a chatwallawn uab katuan ; 307 tri gorderch uarch ynys brydein . . a gwr brith march raawt.

19.25 **Dyuyr uab Alun Dyuet.** RM 106, 125 mab Alun Dyuet ; 265 Dyuyr uab Alun dyuet. Enwir mab arall BBC 65 bet Run mab alun diwed.

Gwryr Gwalstot Ieithoed. RM 112, 114-6, 126, 129-31, 137. RM 265 Gwrei gwalstawt. Ar *gwalstod* 'cyfieithydd' < HS. *wealh-stōd*, gw. EEW 39-40.

19.26 **Llara uab Kasnar Wledic.** RM 108 Llary ab Kasnar Wledic. Ar *Casnar* gw. G 115 ; PKM 162, ClIH 70, CA 367.

19.27 **Ffleudur Fflam.** RM 106 Fflewdur Fflam Wledic ; 303 tri unbenn llys arthur. gronw uab echel a ffleudwr fflam uab godo a chaedyrieith uab seidi.

Greidyal Galldofyd. RM 106 greidawl galldouyd ; 304 tri galouyd ynys brydein greidawl galouyd a drystan uab tallwch a gwgon gwron.

19.28 **Gilbert mab Katgyffro.** RM 304 gilbert katgyffro ; 306 a rud broen tuth bleid march gilbert uab katgyffro, BBC 28 ruthir ehon tuth bleit .m. Gilberd mab kadgyffro. G 89 'yn cyffroi mewn brwydr ?' Awgryma Loth i. 375 n.1, y dylid darllen Gilbert mab Gilbert Katgyffro, ac mai'r un gŵr ydyw â Gilbert de Clare mab Gilbert Fitz-Richard, Norman enwog. Bu farw yn 1147/8, gw. HW 537 n.3. Ei fab oedd Richard de Clare neu Strongbow a fu farw yn 1176. Ar deulu Clare yng Ngheredigion gw. J. E. Lloyd, *The Story of Ceredigion*, 43-68.

Menw mab Teirgwaed. RM 107, 114, 115, 119, 135, 140. Yn y Trioedd RM 302.

20.1 **Gyrthmwl Wledic.** RM 301 y trydyd marchlwyth a duc erch march meibon grythmwl wledic a duc arnaw achleu a archanat yn erbyn riw uaelawr yg keredigyawn y dial eu tat; Skene, FAB ii.456 Arthur yn pen teyrned ym Pen Rionyd yn y gogled a Chyndeyrn Garthwys yn pen esgyb a Gwrthmwl Wledic yn pen hyneif; BBC 67 Bet unpen o pridein yn lleutir guynnassed. yn yd a lliv yn llychur. ig kelli uriauael bet gyrthmul.

Kawrda[f] uab Karadawc Vreichuras. RM 302 Tri chynnweissyeit ynys brydein. gwydar uab run uab beli. ac owein uab maxen wledic. a chawrdaf uab kradawc.

20.2 **Gildas mab Kaw.** RM 107, 258. Arno ef gw. HW i.135 yml. Awdur enwog y *De Excidio Britanniae*.

Kadyrieith mab Seidi. Cf. isod 11, 15, 20. Un o dri unben llys Arthur, RM 303, a gw. G d.g.

20.7 **Run uab Maelgwn Gwyned.** Un o'r tri gwyn deyrn RM 302, un o'r tri hualog RM 305. Fel cymeriad hanesyddol gw. HW 167-8, a dywed Lloyd amdano ym *Mreuddwyd Rhonabwy*, "Rhun and Arthur did not, of course, live in the same age; yet the privileged position assigned to Rhun in the story may well be an echo of a real predominance held by him as gwledig in succession to his father. The reference to his stature seems, also, a historical touch: for the poets call him 'Rhun hir'." Cyfeirir ato hefyd yn y darn enwog am freiniau gwŷr Arfon, LlDW 75 a HW 168; gw. Cy 28.47-9 a marwnad Taliesin iddo 200-223.

20.9 **ymgyghor ac.** Cf. 1.10.

20.12 **wrth nat.** Mewn cymal adferfol achos cadarnhaol defnyddir *wrth* + berfenw, cf. *Mélanges Holger Pedersen*, 299, lle y dyry'r Athro Henry Lewis enghreifftau o Frut Dingestow, ac ychw. LlDW 30 sef amser achaus e doythant e garauuys eno *urth delehu* o paup bod en yaun en er amser glan hunnu. Pan fo'r cymal yn negyddol defnyddir *wrth na* + berf bendant = 'am na' gan na'.

20.12 **gwrdach.** Gradd gymharol *gwrdd* 'cadarn dewr, gwych', CLlH 140, CA 81. Cf. hefyd DWS 'stoute', JD fortis, robustus, strenuus. RM 180, SG 251, YCM 128 (cyfart. *gyrdet*), IGE 35, 166, 303, GGI 65. Am enghreifftiau o'r hen ganu gw. RC 49.238. Daw o'r Ll. *gurdus* yn ôl ELIG 40, ond gw TrCy 1942, 194. Am y treiglad cf. y rheol yn PKM 98 "Pan ddeuai gradd gymharol ansoddair mewn brawddeg negyddol, neu mewn cwestiwn y disgwylid ateb nacaol iddo, treiglid i'r feddal, hyd yn oed ar ôl enw gwrywaidd, neu enw lluosog".

20.14 **datkanv.** Am feirdd yn *datganu* cerdd cf. G d.g.

20.23 **yn lle.** 'fel', gw. uchod ar 8.12.

20.25 **ar hynny y triġywyt.** Am *trigo ar* 'penderfynu, cytuno' cf. WM 153 ac *ar* hynny y *trigyassant* y nos honno ; 245 ac *ar* a dywawt gwalchmei y *trigywyt* ; 387 ac *ar* hynny y *trigassant* ; SG 144 ac *ar* hynny y *trigyassant*. Gyda *cyngor* a *meddwl* : PKM 20 ac *ar y kynghor* hwnnw y *trigwyt* ; WM 396 a chanys *ar y metwl* hwnnw yd wyt titheu yn *trigyaw* . . . Mewn ystyr gwbl leol, cf. LlA 120 gwedy hynny beuno a drigyawd ar dref y dat . . a gwedy trigyaw beuno ar tref y dat ar dalym o amser . . .

20.26 **ġwarauun y.** Am y gystrawen cf. PKM 35 yn y ulwydyn y keueis yn diwarauun wynt ; o hynny allann y *guarauunwyt im* ; WM 121 nyt miui ae *gwarafun itti* ; 396 ac or byd ay *gwarauunho* it hediw o gedernit ; SG 50 Ac yna y deu vroder a dywetpwyt uchot ae *gwaravunawd idaw*.

21.4 **hyt yn oet.** 'hyd amser penodedig y gyngrair'.

21.9 **Breidwyt.** Mae'r ffurf a'r genedl yn amrywio, gw. BM 13, 20 ; G d.g.

21.13 **kyweirdebeu.** 'harnais', gw. B 3.55 ar *cywair* ; PKM 107 ar *cyweirio* 'paratoi' ; SE, G d.g.

BYRFODDAU A LLYFRYDDIAETH.

Aberystwyth Studies	By members of the University College of Wales.
ACL	*Archiv für Celtische Lexicographie, Halle,* 1897-1907.
Agallamh na Senórach,	O'Grady, *Silva Gadelica.*
AL	*Ancient Laws and Institutes of Wales,* Aneurin Owen, 1841.
AMC	*Aislinge Meic Conglinne,* Kuno Meyer, 1892.
Ann(ales) Camb(riae),	Phillimore, *Y Cymmrodor,* 9.152-69.
AP	*Yr Areithiau Prôs,* D. Gwenallt Jones, 1934.
B	*The Bulletin of the Board of Celtic Studies.*
BB	*Brut y Brenhinedd,* John Jay Parry, 1937.
BBC	*The Black Book of Carmarthen,* J. Gwenogvryn Evans, 1907.
BC	*Gweledigaetheu y Bardd Cwsg,* J. Morris Jones, 1898.
BD	*Brut Dingestow,* Henry Lewis, 1942.
Bibyl	*Y Bibyl Ynghymraec,* Thomas Jones, 1940.
BM	*Breuddwyd Maxen,* Ifor Williams, 1928.
Braslun o Hanes Llenyddiaeth Gymraeg,	Saunders Lewis, 1932.
BSL	*Bulletin de la Société de Linguistique de Paris.*
BSM	*Buchedd Sant Martin,* Evan John Jones, 1945.
BrT	*Brut y Tywysogion,* Thomas Jones, 1941.
BT	*The Book of Taliesin,* J. Gwenogvryn Evans, 1910.

CA	... ...	*Canu Aneirin*, Ifor Williams, 1938.
CanC	... ...	*Canwyll y Cymry*, 1672.
CCMss	... ...	*The Cefn Coch MSS*, J. Fisher, 1899.
CCh	... ...	*Campeu Charlymaen*, Robert Williams, (Selections from the Hengwrt MSS, 1892).
CDG	... ...	*Detholion o Gywyddau Dafydd ap Gwilym*, Ifor Williams, 1927.
CFG	... ...	*Cystrawen y Frawddeg Gymraeg*, Melville Richards, 1938.
ChO	... ...	*Chwedlau Odo*, Ifor Williams, 1926.
CIL	... ...	*Contributions to Irish Lexicography*, Kuno Meyer, 1906.
CLlGC	... ...	*Cylchgrawn Llyfrgell Genedlaethol Cymru*
CLlH	... ...	*Canu Llywarch Hen*, Ifor Williams, 1935.
CLlLl	... ...	*Cyfranc Lludd a Llevelys*, Ifor Williams, 1922.
Cy	... ...	*Y Cymmrodor*.
DB	... ...	*Delw y Byd (Imago Mundi)*, Henry Lewis a P. Diverres, 1928.
DFf	... ...	*Darn o'r Ffestifal*, Henry Lewis, 1925.
DG	... ...	*Barddoniaeth Dafydd ap Gwilym*, 1873
DGG	... ...	*Cywyddau Dafydd ap Gwilym a'i Gyfoeswyr*, Ifor Williams a Thomas Roberts, 1935.
Dict.RIA	... ...	*Dictionary of the Irish Language*, Royal Irish Academy.
DN	... ...	*The Poetical Works of Dafydd Nanmor*, Thomas Roberts and Ifor Williams, 1923.
DWS	... ...	*A Dictionary in Englyshe and Welshe*, Wyllyam Salesbury, 1547 (1877).
EANC	... ...	*Enwau Afonydd a Nentydd Cymru*, R. J. Thomas, 1938.
EEW	... ...	*The English Element in Welsh*, T. H. Parry-Williams, 1923.

ELIG	... ...	*Yr Elfen Ladin yn yr Iaith Gymraeg*, Henry Lewis, 1943.
ELl	... ...	*Enwau Lleoedd*, Ifor Williams, 1945.
E-L	... ...	*The Mabinogion*, A New Translation, T.P. Ellis & John Lloyd, 1929.
ELlSG	... ...	*Enwau Lleoedd Sir Gaernarfon*, J. Lloyd-Jones, 1928.
Ériu,	... ...	Journal of the School of Irish Learning.
Euch.	... ...	*Euchologia*, Rowland Vaughan, 1658 (?)
FAB	... ...	*The Four Ancient Books of Wales*, William F. Skene, 1868.
F-C	... ...	*The Welsh Vocabulary of the Bangor District*, O. H. Fynes-Clinton, 1913.
FfBO	... ...	*Ffordd y Brawd Odrig*, Stephen J. Williams, 1929.
Fled Bricrend,	...	George Henderson, (Irish Texts Society II), 1899.
G	... ...	*Geirfa Barddoniaeth Gynnar Gymraeg*, J. Lloyd-Jones, 1931-.
GAC	... ...	*The History of Gruffydd ap Cynan*, Arthur Jones, 1910.
GB	... ...	*Theater du Mond* (*Gorsedd y Byd*), T. Parry, 1930.
GDD	... ...	*A Glossary of the Demetian Dialect of North Pembrokeshire*, W. Meredith Morris, 1910.
GGl	... ...	*Gwaith Guto'r Glyn*, John Llywelyn Williams ac Ifor Williams, 1939.
GIBH	... ...	*Gwaith y Parchedig Evan Evans* (*Ieuan Brydydd Hir*), D. Silvan Evans, 1876.
Gildas, Hugh Williams, 1899, 1901.		
GMWL	... ...	*A Glossary of Mediaeval Welsh Law*, Timothy Lewis, 1913.
G-N	... ...	*The Mabinogion*, Lady Charlotte Guest, with notes by Alfred Nutt, 1902.

H	... ...	*Llawysgrif Hendregadredd*, Rhiannon Morris-Jones, John Morris-Jones, T. H. Parry-Williams, 1933.
ḤLlG	... ...	*Hanes Llenyddiaeth Gymraeg*, Thomas Parry, 1944.
Hom.	... ...	*Llyfr yr Homilïau*, Edward James, 1606.
HW	... ...	*A History of Wales*, J. E. Lloyd, 1911.
IGE	... ...	*Cywyddau Iolo Goch ac Eraill*, Henry Lewis, Thomas Roberts, Ifor Williams (1) 1925, (2) 1937.
Inv.Anc.Mon.	...	*An Inventory of the Ancient Monuments in Wales and Monmouthshire*, I County of Montgomery, 1911.
Iolo MSS	... ...	*Iolo Manuscripts*, Taliesin Williams, 1888.
JD	... ...	*Dictionarium Duplex* (Latino-Britannicum), John Davies, 1632.
JDB	... ...	*Botanologium* (rhan o JD).
KLlB	... ...	*Kynniver Llith a Ban*, John Fisher, 1931.
L (oth)	... ...	*Les Mabinogion*, J. Loth, 1913.
LlA	... ...	*The Elucidarium and other Tracts in Welsh from Llyvyr Agkyr Llandewivrevi*, J. Morris Jones and John Rhŷs, 1894.
Llanst. 6	... ...	*Llanstephan MS 6*, E. Stanton Roberts, 1916.
LlB	... ...	*Cyfreithiau Hywel Dda yn ôl Llyfr Blegywryd*, Stephen J. Williams a J. Enoch Powell, 1942.
LBS	... ...	*The Lives of the British Saints*, S. Baring-Gould and John Fisher, 1907-1913.
LlDW	... ...	*Copy of the Black Book of Chirk*, Timothy Lewis, (ZCP. 20), 1933.

Lebor na Huidre, R. I. Best and Osborn Bergin, 1929.
Llenyddiaeth Cymru o 1450 hyd 1600, W. J. Gruffydd, 1922.

BYRFODDAU A LLYFRYDDIAETH 69

LGO	... ...	*The Letters of Goronwy Owen*, J. H. Davies, 1924.
LlHN	... ...	*Llwybr hyffordd yn cyfarwyddo yr anghyfarwydd i'r nefoedd*, Robert Llwyd, 1682.
LlHW	... ...	*Llawlyfr Hen Wyddeleg*, Melville Richards, 1935.
LlM	... ...	*Llysieulyfr Meddyginiaethol*, E. Stanton Roberts, 1916.
L & P	... ...	*A concise comparative Celtic Grammar*, Henry Lewis and Holger Pedersen, 1937.
MA	... ...	*The Myvyrian Archaiology of Wales*, 1870.

Mélanges H.D'Arbois de Jubainville.
Mélanges Linguistiques offerts á Holger Pedersen, 1937.

MH	... ...	*Medieval Heraldry*, Evan John Jones, 1943.
ML	... ...	*The Morris Letters*, J. H. Davies, 1907.
MM	... ...	*Meddygon Myddveu*, P. Diverres, 1913.
MK	... ...	*Deffynniad Ffydd Eglwys Loegr*, Maurice Kyffin, 1595 (Adargraffiad, 1908).
NED	... ...	*A New English Dictionary on Historical Principles*, 1888-.

Non-Celtic Place-Names in Wales, B. G. Charles, 1938.

O'Curry	... ...	*On the Manners and Customs of the Ancient Irish*, Eugene O'Curry and W. K. Sullivan, 1873.
Pemb.	... ...	*The Description of Pembrokeshire*, George Owen, 1892-1936.
PGG	... ...	*Pattrwm y Gwir Gristion*, H. Elvet Lewis, 1908.
PKM	... ...	*Pedeir Keinc y Mabinogi*, Ifor Williams, 1930.
Powys Fadog	...	*The History of Powys Fadog*, J. Y. W. Lloyd, 1881-7.

RBB	... ...	*The Text of the Bruts from the Red Book of Hergest*, John Rhŷs and J. Gwenogvryn Evans, 1890.
RC	... ...	*Revue Celtique*.
RM	... ...	*The Text of the Mabinogion . . . from the Red Book of Hergest*, John Rhŷs and J. Gwenogvryn Evans, 1887.
RP	.·. ...	*The Poetry in the Red Book of Hergest*, J. Gwenogvryn Evans, 1911.
RWM	... ...	*Reports on Welsh MSS*, J. Gwenogvryn Evans.

Scéla Mucce Meic Dathó, Rudolf Thurneysen, 1935.

SDR	... ...	*Chwedleu Seith Doethon Rufein*, Henry Lewis, 1925.
SE	... ...	*A Dictionary of the Welsh Language*, D. Silvan Evans, 1887-1906.
SG	... ...	*Y Seint Greal*, Robert Williams, 1876.
ST	... ...	*Stories from the Táin*, John Strachan & Osborn Bergin, 1928.
TA	... ...	*Gwaith Tudur Aled*, T. Gwynn Jones, 1926.

Táin Bó Fraích, Mary E. Byrne and Myles Dillon, 1933.

TJ	... ...	*Y Gymraeg yn ei Disgleirdeb*, T. Jones, 1688.
TR	... ...	*Antiquae Linguae Britannicae Thesaurus*, Thomas Richards, 1753.
TrCy	... ...	*The Transactions of the Honourable Society of Cymmrodorion*.
TW	... ...	*Dictionarium Duplex* (Latino-Britannicum), T. Williams, 1632.
TWS	... ...	*Testament Newydd*, William Salesbury, 1567 (1850).
VKG	... ...	*Vergleichende Grammatik der Keltischen Sprachen*, Holger Pedersen, 1909-13.
VVB	... ...	*Vocabulaire Vieux-Breton*, J. Loth, 1884.
WG	... ...	*A Welsh Grammar*, J. Morris-Jones, 1913.

WH	... ...	*The Welsh House*, A Study in Folk Culture, Iorwerth C. Peate, 1940.
WLB	... ...	*A Welsh Leech Book*, Timothy Lewis, 1914.
WLl	... ...	*Barddoniaeth Wiliam Llŷn*, J. C. Morrice 1908.
WM	... ...	*The White Book Mabinogion*, J. Gwenogvryn Evans, 1907.
WML	... ...	*Welsh Medieval Law*, A. W. Wade-Evans, 1909.
WS	... ...	*Welsh Syntax*, John Morris-Jones, 1931.
YCM	... ...	*Ystorya de Carolo Magno*, Stephen J. Williams, 1930.

Yr Ymarfer o Dduwioldeb, Rowland Vaughan, 1630 (Adargraffiad, 1930.

ZCP	... ...	*Zeitschrift für celtische Philologie.*

ENWAU PERSONAU.

Adwy uab Gereint, 19.20.
Adaon uab Telessin, 8.17, mab Telyessin, 19.26.
Arthur, 4.31, 5.4, 7, 6.10, 21, 23, 27, 8.1, 1.10, 9.1, 3, 10.3, 4, 20, 26, 11.5, 11.9, 14, 16, 23, &c.

Betwin, 6.12, 19.10.
Blathaon uab Mwrheth, 18.29.

Cadwgawn Fras, 2.6.
Cadwr, Iarll Kernyw, 10.25, 11.5, 19.23.
Kadyrieith mab Seidi, Saidi, 20.2, 11, 15, 20.
Karadawc Vreichuras uab Llyr Marini, 9.5, 19.11.
Kawrdaf uab Karadawc Vreichuras, 20.1.
Kei, 10.19, 20, 21.1.
Cynnwric Vrychgoch, 2.6.

Danet mab Och, 19.16.
Dyuyr uab Alun Dyuet, 19.25.
Dyrstan mab Talluch, 19.21.

Edern uab Nud, 10.1, 19.12.
Eiryn Wych Amheibyn, 11.8.
Elphin uab Gwydno, 8.18.

Ffleudur Fflam, 19.27.

Gilbert mab Katgyffro, 19.28.
Gildas mab Kaw, 20.2.

Gobrw mab Echel Uordwyt Twll, 19.19.
Goreu uab Custennin, 19.16.
Granwen mab Llyfr, 19.22.
Greidyal Galldofyd, 19.27.
Gwalchmei uab Gwyar, 19.12.
Gwarthegyt vab Kaw, 6.13, 19.10.
Gweir mab Gwestel, 19.20.
Gwenn, 11.19.
Gwenvynnwyn uab Naf, 19.14.
Gwgawn Gledyfrud, 18.23.
Gwilim uab rwyf Freinc, 19.15.
Gwers uab Reget, 18.15; Gwres, 18.24.
Gwryr Gwalstot Ieithoed, 19.25.
Gyrthmwl Wledic, 20.1.

Heilyn Goch uab Kadwgawn uab Idon, 2.8.
Howel uab Emyr Llydaw, 19.15.
Hyueid Unllenn, 19.2, 18.

Idawc uab Mynyo, 4.24; Idawc Cord Prydein, 4.27; 5.10; Idawc, 6.3; 20, 23, 26, 27; 7.10; 8.14; 9.1, 7; &c.
Iorwoerth uab Maredud, 1.5, 15, 17.

Llacheu mab Arthur, 19.22.
Llara uab Kasnar Wledic, 19.26.
Llawuroded Uaryfawc, 19.23.

Mabon mab Modron, 19.17.
Madawc uab Maredud, 1.1, 13, 18.
March uab Meirchawn, 9.22; 19.10.
Medrawt, 4.31; 5.4, 9.
Menw mab Teirgwaed, 19.28.
Moruran Eil Tegit, 19.24.
Moryen Manawc, 19.21.

Nerth mab Kadarn, 19.19.

Ossa Gyllellwawr, 19.4; Osla G., 8.25, 20.21.

Owein uab Uryen, 11.24; Owein, 11.25, 27, 28; 12.12, 14, 17, 18, 21, 26; 13.14, 16, 18, 21, &c.
Peredur Paladyr Hir, 19.17.

Riogan uab brenhin Iwerddon, 19.13.
Ronabwy, 2.5; 3.20, 21; 4.23, 28; 6.3; 7.3, 10; 8.14; 9.2, 7, 12, 20, 29, &c.
Rwawn Bybyr uab Deorthach Wledic, 6.4; 7.11; 19.1, 13.
Run uab Maelgwn Gwyned, 20.7.
Ryawd Eil Morgant, 19.24.

Selyf uab Kynan Garwyn o Powys, 18.22.

Twrch mab Perif, 19.18

ENWAU LLEOEDD.

Aber Ceirawc, 1.22.
Argygroec, 3.27 ; 6.7.
Arwystli, 1.3.

Kaer Vadon, 10.4.
Kat Gamlan, 4.30 ; 5.11, 12.
Cevyn Digoll, 9.9.
Kernyw, 21.2.
Kynlleith, 2.7.

Denmarc, 10.1 ; 20.4.
Dillystwn Trefan, 2.2.

Efyrnwy, 1.23.

Freinc, 19.16.

Groec, 20.4, 20.
Gwauan, 1.3.
Gweith Uadon, 8.24.

Hafren, 3.28 ; 6.7 ; 9.10, 12, 14,
Hallictwn, 1.22.

Iwerdon, 19.14.

Llech Las, 5.13.
Lloeger, 1.16.
Llychlyn, 9.21, 20.3.
Llydaw, 19.15.

Mawdwy, 2.6.
Moelure, 2.7.

Porford, 1.2.
Powys, 1.1, 18, 20, 21, 24.
Prydein, 4.27 ; 20.12.

Ryt Wilure, 1.22.
Ryt y groes ar Hafren, 3.28 ; 6.7.

Ynys Prydein, 5.6, 7.14, 17.11.

Yspaen, 15.21 ; 17.27.

GEIRFA.

abreid, 2.13.
abrwysgyl, *ofnadwy*, 10.7.
adaued, *edafedd*, 4.6, 13.8.
adaned, *adenydd*, 14.18 ; 28.
adnabot, 14.12, adnapei, 20.15.
adolwc, 13.20.
adaw, *addo*, 8.24.
aeleu, 6.17.
aual, *cnap*, 11.17.
auon, 7.30, 8.12.
angerd, 14.29.
angerdawl, 14.10, 27.
anghenedyl, 3.9.
alaw, *lili*, 6.19 ; 7.25, 10.12.
amarch, 8.6.
amgen, 7.17.
amherawdyr, 5.3 ; 7.4 ; 12.12 ; 12.15.
amlwc, 14.9.
amrauael, 21.12.
amrant, 18.1.
amyl, 2.13 ; 16.31.
anadyl, 4.16.
anauu, 15.7.
anuod, 13.18, 20.
anhegar, 11.9.
annesmwythder, 3.21.
annesmwythet, 3.9.
annwyt, *oerni*, 2.21.
anwastat, 2.12.
arafhau, *tawelu*, 11.2.
arbennickaf, 14.15.
ardwrn, 6.18.

aruawc, 11.19 ; 17.19 ; 17.26.
arueu, 11.6 ; 15.16 ; aruec, 16, 25.
arffedeit, *ffedogaid*, 2.21.
arglwyd, 12.22.
aryant, 17.8 ; 18.8.
aruthret, 9.3.
arwed, 18.24.
arwydon, 9.18, 27.
assen, 20.17 ; assennoed, 20.22.
asseu, *aswy*, 16.23 ; 17.24.
asgellwrych, *ysgydwad adenydd*, 15.5 ; 17.20.
ascwrn, 6.16 ; 8.4 ; asgwrn, 15.23 ; 16.31.
asur, 'azure', 18.7.
awyr, 7.21 ; 15.4, 5 ; 17.20.

balawc, 15.24 ; 17.1 ; 18.2.
balch, 8.20.
banadyl, 4.13 ; 5.26.
baner, 18.16, 24.
bangaw, *huawdl*, 8.21.
bara heid, 3.6.
bard, 20.13, 23 ; 21.11.
baryf, 4.2 ; 5.19 ; 12.4 ; 13.5.
bawhet, 7.1.
bechan, 3.3.
beich, 3.2.
bissweil, 2.14.
blaenbren, 2.25.
blew, 11.10.
blinaw, 12.24 ; 13.20.

boneu, 3.12.
bonhedigeid, 14.5.
bot : y mae 12.20 ; 13.18 ;
 y syd 10.20 ; yttoedynt 11.30
 y syd 10.20 ; yttoedynt
 11.30 ; 13.2 ; 17.17 ; 17.17 ;
 byd 11.11 ; bydei 1.24 ; 7.20;
 oedwn 5.1 ; oed 1.1, 4,
 &c. ; oedynt 13.26 ; bum
 5.14 ; bu 13.16 ; 15.8 ; bei
 2.1 ; 2.12, 14 ; bit 4.21 ;
 12.18.
bragawt, 7.13.
branos, 12.28.
bras, 17.7.
brasvrithuelyn, 14.8.
brastoll, 3.16.
brathu, 7.27 ; 13.19 ; 15.7 ;
 brathwyt 14.16.
brawdfaeth, bródoryon maeth,
 1.9.
breckan, *carthen*, 3.15,17.
breich, 16.23 ; -eu, 15.3.
breidwyt, 21.10.
brein, 12.24 ; 13.19 ; 14.15 ;
 15.5.
breint, 20.8.
breisgach, *tewach*, 6.19.
brenhin, 11.6.
brethyn, 12.6.
bric, 2.18.
brith, 12.8.
brithaw, 17.27.
briwaw, 10.23 ; briwyt 14.16.
brwydyr, 5.1 ; 14.22 ; 16.15.
brychuelyn, 13.28 ; -yon, 17.27
brynn, 2.12.

bryssyaw, 10.21.
bryt, 3.27.
budugolyaeth, 14.30.
bwckran, *lliain main*, 13.9.
bwrw, 14.28 ; byryei, 2.21.
bwyt, 3.6.
bydin, 7.9,10.
byrwellt, 3.12.

kadeir, 11.15,18.
caeadeu, 12.8.
kaerawc, 11.15 ; 16.26.
kaeu, 12.9.
kaffael, 14.29 ; keffwch, 4.20 ;
 caffant, 7.12 ; caffei, 2.26 ;
 5.29 ; cefeis, 5.16 ; 6.24 ;
 keneist, 6.23 ; cawssant, 1.11,
 19.
caletlom, 3.15.
callon, 16.2.
kanawl, 10.8,9.
kanlyn, 21.2.
kanu, 20.25.
canwelw, 9.18 ; 16.23.
kanwr, 100 gŵr, 1.20.
capan, *mantell*, 6.15.
karcharoryon, 1.17.
carn, 15.15 ; 16.24 ; 17.25.
carrei, 4.7.
kathefrach, *cythruddo*, 12.24.
caws, 3.5.
kedymdeith, 3.19 ; 6.1 ; -on,
 1.9 ; 3.26.
cefynderw, 9.6 ; 9.23.
keis, 2.4.
ceissaw, 1.21.
celaf, 4.23.

GEIRFA

kelein, kalaned, 1.16.
kelyn, 2.17.
kenadeu, 4.30.
ceniuer, 21.11.
cennyat, 12.22,25.
kerd, 20.14,15.
kerdet, 3.10, 26 ; cerdaf, 8.27 ;
   cerdwn, 9.1 ; -ei, 10.5 ;
   -wys, 14.24 ; -assant, 6.6 ;
   -ych, 8.26.
cesseilwrn, 3.3.
kic, 8.4.
cil, 9.7.
kipris, 12.23.
clawr, 18.14.
cledeu, 6.14.
clun, 4.6 ; 15.20 ; 16.28.
clusteu, 15.3.
clyw-y, 12.26 ; -ir, 4.25 ; -ei, 3.29 ; 10.6 ; -ynt, 5.16 ; 11.8 ; 15.11 ; -it, 10.17 ; ryglywssei, 3.30.
coeth, 13.11 ; 18.8.
cof, 7.6,7.
kogor, *crawcian*, 15.6 ; 16.19 ; 17.19.
koghyl, *congl*, 11.17.
colledu, 18.29.
collet, 15.1 ; 18.21.
cordwal, lledr Cordova, 4.7 ; 12.8,10 ; 13.10 ; 14.4 ; 22.
korof, 15.17 ; korueu, 7.24.
cristal, 18.4.
croen, 2.24, 26 ; 3.23 ; 21.6.
cwnsallt, *mantell*, 15.17 ; 16.25 ; 16.25, 27 ; 17.28, 29.

kychwynnu, 7.20 ; 14.17 ; -yssont, 9.8.
cyfan, 17.21.
kyfarch -ei, 12.15 ; -awd, 16.9 ; -wys, 12.19.
cyfarwyd, *chwedleuwr*, 21.11.
kyuodi, 15.3 ; kyuot, 10.26 ; -ant, 14.26 ; -es, 21.1.
kyuurd, 1.4.
cyfyghet, 8.22.
kyghor, 1.11,19.
kyghorwr, 8.10 ; 9.6 ; 19.8.
kygreir, 19.4 ; 20.21, 24.
kymeraf, 8.12 ; cymerth, 1.6, 18, &c.
kymhennaf, 8.15.
cymwt, 1.20,23.
kynhebic, 7.20.
kynhebygrwyd, 3.29, *tebygrwydd*.
kynnal, 17.12.
kynnedf, kenedueu, 11.20.
cynneu, 3.4.
kynnigywys, 1.13.
kynnwrwf, 21.5 ; kynnwryf, 10.24 ; 11.2 ; 15.4 ; 16.18 ; 17.18.
kynted, 2.18.
kyscu, 3.10,18,20 ; kysgwys, 3.24.
kyssegredic, 8.10.
kysseingaw, *cynnwys*, 8.22.
kystlwn, *tras*, 4.24.
cytneit, 3.25 ; 14.30.
kytunbynn, 18.22.
cyweir, 9.9 ; 15.16 ; 16.24.

kyweirdeb, *harnais*, -eu, 21.13.
chwannocket, 5.1.
chwaryy, 11.25.
chwein, 3.21.
chweinllyt, 3.12.
chwerthin, 6.28; chwerdy, 6.27.

dala, 1.17; 4.14.
datkanv, 20.14.
dayar, 14.18.
deffroi, 21.5; deffroes, 21.6.
deheu, 14.2.
deil, 4.11.
delw, 12.1; 13.5; 15.27; 17.3.
derffit, 14.23; derw, 17.10.
deulin, 4.4; 5.21·; 9.16; 9.26.
dewis, 8.26.
diuetha, 10.17.
digawn, 14.17.
digrifaf, 11.30.
dinawet, 2.24; 3.23; 21.7; dinewyt, 3.13.
diodef, 2.22.
disgyn, 11.3; -nwys, 3.19; -nassei, 10.3.
disgyryein, 15.6; 16.18; 17.19.
diwaravun, 7.14.
diwed, 17.17; diwethaf, 18.26.
dottit, 11.21.
druttet, 4.13; 8.9.
drych, 3.26.
drylleu, 16.21.
drythyll, *nwyfus*, 4.31.
dur, 8.3.
dwfyr, 2.16.
dwrn, 16.4.
dwst, 18.15.
dwyffroen, 8.1.
dwygoes, 4.4; 9.17.
dwyn : dygynt, 15.2; duc, 11.4; -pwyt, 20.10.
dyfot : deuant, 7.16; doei, 7.7; deuth, 18.19; 20.5; doeth, 2.5; deuthum, 5.13; deuthant, 2.18; 6.10; doethant, 2.9,11; deuthpwyt, 20.7; dathoed, 20.23; delei, 2.20.
dyffryn, 9.12.
dyffygyaw, 3.10.
dygyuor, 3.7; dygyfor, 6.9.
dylyedawc, 5.20.
dyly, 11.5; -ant, 7.15; -ei, 9.4.
dyrchaf, 14.22; -efit, 14.26.
dysdlyt, 3.12.
dywedut, 12.17; dywedaf, 4, 26; dywedy, 4.22, 26,; dyweit, 12.26; dywedwn, 5.8; dywedei, 2.28; dywawt, 8.20; 9.2; 12.21; dywettei, 5.7.

ebrwyd, 14.11.
ederyn, 18.5.
edrych-ant, 15.11; -assant, 5.18 -wyt, 3.11.
euo, 11.21.
eglurwenn, 9.14.
egrifft, 18.5.
eillaw, 4.3; 13.4.
eissoes, 14.14, *fodd bynnag*.
eisted, 11.19.

GEIRFA

eliffant, 6.16 ; elifant, 15.23.
ellwng, 1.12 ; 14.28.
enryded, 1.7,15.
enrydedus, 7.13.
enryued, 15.12.
eofn, ehawn, 8.21 ; ehofnet, 9.4.
erbynn, 8.25.
erchis, 18.12,15 ; 20.20.
erchlas, 15.12,13.
eryr, 13.28,29.
esceir, 13.7 ; eskeir, 6.19.
escob, 6.12 ; 7.29 ; 8.10.
esgit, 14.4.
estronawl, 15.16.
eurdwrn, 4.6 ; 12.9 ; 15.19 ; 17.31.
eureit, 13.11,13 ; 15.25 ; 17.2 ; 17.30.
eurllin, 18.1.
ewic, 4.7.
ewyrdonic, 15.22.
ewythyr, 5.5.

vet, *hyd*, 1.22.
fenedic, 8.18.
ffenitwyd, 4.12.
fflam, 10.28.
fflamgoch, 12.3 ; 17.4.
ffo, 4.15 ; ffoes, 10.16.
ffroen, 2.23.

gall-wn, 5.9 ; -ei, 3.22 ; 5.8 ; 11.19.
garanvys, *y trydydd bys, nesaf at y bys bach*, 14.2 ; cf. PKM 177

garwgoch, 11.9.
gelwir, 4.27 ; 21.9.
glasowenu, 6.26.
glasressawu, 3.4.
glastwfyr llefrith, 3.6.
glassu, 12.4.
glaw, 3.8.
gloew, 17.31 ; 18.4 ; gloyw, 18.3.
glynei, 2.13.
goaruoel, 3.1.
gobengrych, 13.3.
gobennyd, 3.17.
gobyr, 20.24.
godreon, 4.9 ; 5.24 ; 16.26, 27 ; godryon, 9.15.
goualu, 3.20, *poeni*.
goueileint, *pryder*, 1.6 ; 15.1, gw. PKM 154.
govudyr, 3.17.
govynnwys, 18.18.
gogrispin, 3.2, *lled rychiog*.
gohen, *cyfeiriad*, 3.27.
goletlwm, 2.19.
gollwng, 16.21 ; 17.20 ; gollwg, 17.21.
gorawenus, 14.27,30 ; 15.5.
gorderchu, 7.13.
gordiwes, 5.28 ; gordiwedawd, 4.19 ; gordiwedassant, 10.3.
goreureit, 15.23.
gorffowys, 3.22.
gosged, 5.20.
gosgeidic, 13.31.
gossot, 1.19 ; 11.17.
gostygassant, 14.31 ; gostyghwyt, 18.16.

gossymdeith, *cynhaliaeth*, 1.12.
grudgoch, 14.6.
grynnei, *gwthiai*, 4.16.
gwaec, *bwcl*, 4.8 ; 15.23 ; 16.31; 18.1,2 ; gwaegeu, 13.11 ; 14.4.
gwaell, 14.1 ; 16.3.
gwaeret, y waeret, 4.4 ; 5.22.
gwaet, 5.27 ; 7.18.
gwaetlyt, 17.7 ; 18.7.
gwahanu, 7.19.
gwahard, 12.25 ; 13.21 ; -wyt, 16.16.
gwaraf, 9.13.
gwarauun, 20.26.
gwarchadw, 7.1 ; gwarchetwis, 7.2.
gware, 11.26,29.
gwarthaf, 1.3 ; ar warthaf, 3.18 ; 4.8.
gwarthec, 2.14,16,18.
gwasgwys, 18.13.
gwastat, 6.11.
gweda, *gwedda*, 5.30.
gwein, 4.6 ; 8.2,5.
gweisson bychein, 12.22.
gwel-af, 7.5 ; -y, 7.4 ; 10.18 ; -ut, 7.7 ; -ei, 4.2 ; 7.9 ; 16 ; -ynt, 2.9, 11, 19 ; 4.14 ; 6.8 ; 6.10 ; -it, 10.29 ; -eist, 7.6 ; -as, 13.28 ; -ych, 14.22.
gwellt, 3.14.
gwen(n)wynic, 12.2 ; 17.5.
gwerin, 18.4.
gwerthuawr, 13.29 ; 21.14.
gwineu, 5.13.
gwintas, *esgid*, 12.7 ; 13.10.

gwisc, 9.24.
gwisgaw, 11.6.
gwneuthur : gwnaf, 6.28 ; gwna, 10.15 ; gwneir, 8.16 ; gwnaei, 8.8 ; gwneynt, 1.21 ; 15.4 ; gorugum, 5.3 ; goruc, 1.9, 5, &c. ; gorugant, 2.27 ; 3.10 ; 14.13 ; gwnaethant, 3.4 ; gwnathoedynt, 15.1 ; gwnelei, 1.10.
gwniaw, 4.5 ; 4.9 ; 5.23 ; 13.8.
gwrach, 2.20,27,28.
gwraenc, 4.2.
gwregys, 15.21 ; gwregis, 16.30 ; 17.31.
gwrthgloched, 2.29.
gwrthot, 1.15.
gwrysc, 2.16 ; 3.2 ; 12.
gwryt, 14.18.
gwydbwyll, 11.26, 27, 31 ; 12.12 ; 13.14.
gwynt, 3.8.
gwyr, *gŵyr*, 21.10.
gwyrda, *uchelwyr*, 5.6 ; 17.11.
gwyrdvelyn, 12.6.
gwyrthuawr, 15.26.
gynneu, 8.15 ; 9.3 ; 12.20 ; 20.7.
gyrrei, 5.3 ; gyrrwyt, 5.10.

hediw, 17.13.
helym, 15.24,26 ; 17.1, 3 ; 18.2,4.
heno, 7.6 ; 21.2.
herw, 1.16.
hirdrwm, 16.29 ; hirtrwm, 16.4.

GEIRFA

hoelon, 10.13 'rivets'.
hossan, 12.6 ; 13.8 ; 14.3 ;
 -eu, 12.7 ; 13.10.
hun, *cwsg*, 3.25.
hydwf, 13.4.
hydgen, *croen hydd*, 13.12 ;
 16.30.

iarll, 11.5.

lactwn(n), *metel melyn*, 17.27 ;
 18.3 ; lattwn, 15.21.
llad, 1.16.
llawes, llewys, 6.18.
llawr, 2.11,13,17.
lledyr, 4.7 ; 16.29.
llen(n), 4.8, 10 ; 5.25 ; 9.15 ;
 11.15 ; -eu, 21.14.
llenlliein, 3.16,18.
llettemmeu, 'rivets', 17.8.
llettemmu, 'rivet', 18.8.
lletwac, 3.17.
llew, 13.5 ; 17.3.
llewpart, 15.27 ; 16.2.
llidyawc, 14.10 ; 14.30 ; llid-
 iawc, 14.13,27 ; 18.9.
llinon, 17.7.
llinwyd, *onn*, 18.6.
llit, 15.1.
llityawcvlin, 16.8.
lliw, 11.22,23.
lliwaw, 18.7, *lliwio*.
llosgi, 1.17.
lludet, 14.28.
lludedic, 16.8.

lludedicvlin, 20.18.
lluesteu, *bythau*, 6.9.
llun, 10.27.
lluruc, *cot ddur*, 10.11.
llwytkoch, 3.15.
llychlyt, 2.19.
llyfnet, 2.13.
llyuyr, 21.11.
llygadawc, 13.4.
llygatlas, 12.4.
llygeit, 3.25 ; 12.2 ; 15.2 ;
 17.5.
llyma, 13.3 ; 21.10.
llysenw, 4.25,26.

mackwy, 12.3,13,14,18,21,27,
 29 ; -eit, 12.23 ; 13.18.
maen, 6.4,6,7,29,27 ; 12,23 ;
 13.18 ; mein, 15.25 ; 17.2 ;
 18.4 ; 21.14.
marchawc, 4.10.
marchogaeth, 8.8 ; 10.14.
marchocka, 10.19.
mawrweirthawc, 15.25.
med, *medd* 'mead', 7.13.
medyant, 1.8.
medylyaw, 3.22 ; medylyei,
 12.17.
mein, *main*, 6.19 ; 13.7.
meinlas, 3.2.
melyngoch, 5.18 ; 17.4.
melynrud, 15.27.
menegi, 5.4.
menic, *menyg*, 6.18.
milwr, 6.20 ; 11.19 ; 14.2.
milltır, 6.8.

min, 15.20.
mis, 19.5 ; 20.22.
modrwy, 6.4 ; -eu, 10.12.
molyant, 20.16.
moruarch, 18.1.
moruil, 17.1.
muchud, 6.17 ; 7.26 ; 'jet'.
mwc, 2.10, 23.
mwng, 11.12.
mynet : aei, 2.15 ; ae h, 3.25 ; 13.15 ; ae han , 3.19 ; dos. 14.21.
mynn-y, 14.20 ; -ei, 9.5 ; -o, 14.23 ; 21.2,3.
myn(n)wes, 15.15 ; 16.24 ; 17.25.
mynwgyl, 11.12 ; mynwgyl y troet, 2.15 ; mynygleu y draet, 12.8.

nachaf, 3.1,7 ; 5.16,18,28 ; 10.26 ; 11.2.
nawd, 4.20,22.
neges, 12.20.
nei, 4.31.
neillparth, 2.21 ; 6.12.
nesseynt, 4.18.
neuad, 2.10.
newydgoch, 16.30.
newydlif, 14.8.

odidawc, 21.13.
ofyn, *ofn*, 4.14, 21.
olwyndu, 17,23.
oll, 9.18.

Paladyr, 14.7, 9 , 16.5 ; 17.6 ; 18.6, 8.
palatyrgrwn, 18.6.
paladyrlas, 18.6.
pali, 4.5 ; 5.9 ; 6.23 ; 6.15 ; 9.15 ; 11.15 ; 12.5, 26.
pan yw, 12.16.
parth, 2.24 ; 3.24 ; -eu, 2.19.
parth a, 3.28 ; 9.9.
pebyll, 11.3 ; 11.31 ; 12.2,29 ; -eu, 13.5, 27, 30 ; 6.9.
pebyllyaw, 7.21.
peidaw, 11.2.
peis, 4.4 ; 6.15 ; 12.5 ; 13.6.
pellaei, 4.17.
penngoch, 12.1.
pengrych, 12.4 ; 19.7 ; penngrych, 4.2.
pennteuluaeth, 1.13.
pennuchel, 17.23.
penydyaw, 5.15 ; penytyaw 5.14.
peri : par, 12.25.
perued, 9.10.
pieu, 7.10.
pluf, 16.6.
pobi, 3.5.
poen, 3.23.
ponyt, 20.26.
poptu, 11.12.
porffor, 17.30.
post, 7.20.
purdu, 2.10 ; 6.15 ; 9.3 16 17 19,24,27 29 ; 12.1 ; 15.24 ; 16.23.
puruelyn 13.5 ; 15.15 19 ; 16.28.

GEIRFA

purgoch, 13.6 ; 15.14,18 ; 17.24
purlas 15.20.
purwynn 9.19 25 27 28 ; purwenn, 9.21.
pwll, 2.15.
pybyruelyn, 13.31.
pyllawc, 2.12.
pynneu, 20.17.
pythewnos, 19.5 ; 20.22.

racvlaenu, 7.27.
racko, 7.11,12 ; 10.18 ; 20.11.
ran, 'share' 5.29,30 ; 'billet, 2.8.
rannu, 11.12.
reit, *brwydr*, 7.16.
rinwedawl, 17.3 ; 18.5.
rinwedeu, 7.5.
rod -ei, 20.27 ; -eist, 4.22 ; -et, 3.25 ; -o, 6.22.
rudeur, 11.17 ; 12.11.
rudgoch, 12.2 ; 16.5 ; -yon, 15.27 ; 17.5.
ruthur, 13.27.
rychtir, *tir âr*, 1.21 ; 21.2.
ryued, 8.2 ; 8.21 ; 12.18 ; -ach, 8.23.
ryuedu, 12.14.
ryuelu, 2.20.
rynawd, 19.8.
ryt, 6.10 ; 7.22.

saffir, 17.2.
sarf, 10.27 ; 12.1,3 ; seirf, 10.29.
seuedlawc, 11.10.
seuyll, 11.24.
sidan(n), 5.9, 23 ; 13.8.

swch, 12.10 ; 13.13 ; 15.21.
swmer, 11.13,15.
swrcot, 12.5.
symut, 13.26.
syndal, 15.18,19.

tauawt, 12.3 ; 17.4.
tagnefed, 5.6.
tagnofedwyt, 18.17.
tal, *tâl*, 2.10 ; 4.4.
talym, 16.17.
tan, *tân*, 2.22 ; 3.5 ; 7.20.
tannau, 11.16 ; tannwyt, 3.15.
tatmaeth, 5.4.
tebygei, 3.28.
telediw, 8.20.
teruyneu, 1.2.
teruynu, 13.1 ; teruynwyt, 13.25.
teruysc, 5.2.
tervysgeis, 5.2.
teulu, *gosgordd*, 1.24 ; 18.10.
teyrnas, 8.16.
teyrned, 5.5 ; 7.14.
teyrnget, 20.19,23.
toll, *tyllog*, 3.15.
tra cheuyn, 8.13 ; dra'e gefyn, 4.1.
traws (enw), 3.27.
traws (ans.), 8.18.
trawst, trostreu, 15.22 ; 16.31.
trawsswch, *mwstas*, 5.19 ; 11.10.
trew -eist, 8.6 ; -is, 7.31 ; 8.17 ; -it, 8.3.
trichanawl, 12.10 ; 13.12 ; 16.29 ; 17.31.

BREUDWYT RONABWY

trigy -ei, 11.22 ; -wyt, 20.25.
tristwch, 1.7.
troetued, 17.4.
trossi, 7.31.
truanet, 6.28.
trugared, 5.15.
trwnc, 2.14,16.
trychwanawc, 3.16.
trymleissòn, 16.25.
trywyr, *tri gŵr*, 18.19, 26.
tudet, 3.17.
tuth, 14.10.
twryf, 3.29 ; 5.16,17.
twtneis, 14.3.
ty, 2.7 ; 2,19,28 ; tei, 1.17.
tyle, 3.11.
tynn -ei, 4.18 ; -it 7.30 ; 10.28
tywyssawc, 9.22 ; 10.1.

uchot, 6.25.
unbenn, 4.21, 28.
us, 2.21.

wyneb, 6.16, 14.

ymadaw : ymedeweis, 5.13.
ymadrawd, 5.7,8 ; 8.20 ; 10.17
ymaros, 20.24.
ymchoelut, 8.13 ; 11.3 ; 16.14 ;
    ymchoeles, 12.29 ; 13.24.
ymgeissaw, 1.9.
ymgyghor, 1.10 ; 20.9.
ymlad, 8.25.
ymlit, 4.15.
ymrannassant, 2.3.
ymyl, 10.8,10.
ynvydrwyd, 8.8.
ynys, 6.11 ; ynyssed, 20.20.
ysceynei, 8.9 ; ysgeinwys, 7.28
yscoluaethu, 16.20.
ysgwyd, 5.21 ; 14.2.
ysgythredic, 16.29.
yssic, 8.3.
ystovet, *trefnwyd*, 5.11.
ystondard, 14.9 ; 23.26.
ystorya, 21.9.
yssu, 2.17 ; ussu, 3.13.

MYNEGAI I'R NODIADAU.

Aber Ceirawc, 27.
adaued, 38.
Adwy uab Gereint, 60.
Adaon mab Telessin, 45.
ae . . . ae na, 46.
aual, 50.
angerdawl, 55.
aghenedyl, 34.
alaw, 43.
annwyt, 31.
ar deulu, 27-28.
arfoel, 22.
Argygroec, 37.
arwed, 59.
Arwystli, 24.
asgellwrych, 56.

balawc, 57.
bangaw, 45.
bara heid, 33.
baw, 43.
belu, 31.
Betwin, 42.
beth, 43.
bissweil, 30.
blaen, 44.
blaenbren, 31.
Blathaon, 59.
bragawt, 43.
branos, 53.
brathu, 44.
brawdfaeth, 25.
breckan, 35.
breich, 56.

breidwyt, 63.
brynn, 30.
bwckran, 53.
bwrn, 32.
bwrw blinder, lludet, 55.

Cadwgan Fras, 29.
Cadwr, Iarll Kernyw, 49.
Kadyrieith mab Seidi, 62.
Kaer Vadon, 46, 48.
kaerawc, 50.
caled ar, 55.
canawl, 'rhigol', 51.
canwelw, 47.
capan, 42.
Karadawc Vreichuras, 47.
carrei, 38.
Casnar, 61.
Katgamlan, 40.
kathefrach, 53.
Kawrdaf uab Karadawc Vreichuras, 62.
Kedyrn, 48.
Cevyn Digoll, 47.
Kei, 49.
cennyat, 52.
cesseilwrn, 32.
cil, 47.
kipris, 52.
clywed ar, 48.
kogor, 56.
colledu, 59.
cordwal, 38.
corof, 44.

88   BREUDWYT RONABWY

crispin, 32.
kwaethach, 44.
cwnsallt, 56.
kychwynnu, 44.
kynghor, 44.
Kynlleith, 29.
Cynnwric Vrychgoch, 29.
kynted, 31.
kysseingaw, 46.
kystlwn, 39.
cytneit, 37.
kyweirdeb, 63.

chweinllyt, 35.

dala ofyn, 39.
Danet mab Oth, 60.
datkanv, 63.
Deorthach, 41.
derffit, 55.
deulin, 38.
diuetha, 49.
Dillystwn Trefan, 28.
dinawet, 31.
disgyrye'n, 56.
drut, 39, 45.
drwg ar, 53.
drythyll, 40.
dwst, 35.
dwygoes, 38.
Dyuyr uab Alun Dyuet, 61.
dygyfor, 34.
dylyedawc, 41.
Dyrstan mab Talluch, 60.
dysdlyt, 35.

Edern uab Nud, 48.
Efyrnwy, 27.
ehawn, 45.
egrifft, 58.
eingaw, 46.
Elphin uab Gwydno, 45.
emyr, 59.
enwyn, 33-4.
erchi tangnefed, 40, kygreir, 59.
erchlas, 56.
eurdwrn, 38.
ewyrdonic, 57.

vet, 27.
ffenedic, 45.
ffenitwyd, 39.
Ffleudur Fflam, 61.
ffo, rac, y wrth, 48.

genni, 46.
Gilbert mab Katgyffro, 61.
Gildas mab Kaw, 62.
glaschwerthin, 33.
glasowenu, 43.
glasressawu, 33.
glastwfyr, 33.
glassu, 51.
goaruoel, 32.
gobennyd, 36.
Gobrw mab Echel Uordwyt Twll, 60.
goualu, 32.
gogrispin, 32.
gohen, 37.

goletlwm, 31.
gorawenus, 55.
gorderchu, 43.
Goreu uab Custennin, 60.
gosged, 41.
gossymdeith, 25.
Greidyal Galldofyd, 61.
greso, gresawu, 33.
grynnu, 39.
gwaell, 53, 57.
Gwauan, 24.
Gwalchmei uab Gwyar, 59.
gwar, 47.
gwarauun y, 63.
gwarthaf, 24.
Gwarthegyt vab Kaw, 42.
gwas bychan, 52.
Gweir mab Gwestel, 60.
Gweith Uadon, 46.
Gwenvynnwyn uab Naf, 59.
Gwgawn Gledyfrud, 58.
Gwilim, 59.
gwintas, 51.
gwraenc, 38.
gwrd, 62.
gwrthgloched, 32.
Gwryr Gwalstot Ieithoed, 61.
gwrysc, 31.
gwryt, 55.
gwydbwyll, 50.
gyrru ar, 40.
Gyrthmwl Wledic, 62.

Hallictwn, 27.
Heilyn Goch, 29.
herw, 26.

Howel uab Emyr Llydaw, 59.
hydgen, 53.
Hyueid, 59.
hyt na, 37.
Idawc Cord Prydein, 40.
Iorwoerth uab Maredud, 24.
isgil-io, 47.

lactwn, latwn, 56.
Llacheu, 6.
Llara uab Kasnar Wledic, 61.
Llawuroded Uaryfawc, 61.
llawr, 30.
Llech Las, 41.
llen Arthur, 49.
llenlliein, 36.
lletem, 57.
llifaid, 54-5.
lluest, 41.
lluruc, 48.
llysenw, 39.

Mabon mab Modron, 60.
Madawc uab Maredud, 23.
March uab Meirchawn, 47.
Mawdwy, 29.
med, 43.
mein, 43.
meint, 35.
Menw mab Teirgwaed, 61.
milwr, 43.
modrwy, 43, 48.
Moelure, 29.
Mordwyt twll, 60.
moruarch, 58.
Moruran Eil Tegit, 61.

Moryen Manawc, 60.
muchud, 42.
Mwrheth, 59.
mynawg, 60.
mynwgyl y troet, 30.

neges, 52.
Nerth mab Kadarn, 60.
neuad, 30.
newyd eillaw, 38.
newydlif, 54.
nyrth, 57.

o'e, 26.
oet, 63.
ol, 44.
olwyndu, 57.
Ossa Gyllellwawr, 46.
Owein uab Uryen, 50.

pali, 38, 50.
parth, 31, 37.
pennteuluaeth, 25.
Peredur Paladyr H˙r, o.
Porford, 31.
Powys, 31.
Prydein, 41.
pwy, 40.
pythewnos, 59.

ran, 30, 41.
rechtyr, 27.
reit, 44.
rhuon, 41.
Riogan, 59.
Ronabwy, 29.

Run uab Maelgwn Gwyned, 62.
ruthur, 53.
Rwawn Bybyr, 41.
rwyg, 59.
Ryawd Eil Morgant, 61.
rychtir, 26.
ryuelu, 31.
rynawd, 59.
Ryt Wilure, 27.
Ryt y Groes, 37.

seuedlawc, 49.
Selyf uab Kynan Garwyn, 58.
swch, 51.
swmer, 49.
swrcot, 51.
syndal, 56.

taenu, 35.
tannu, 35.
telediw, 45.
teruyn, 23.
teulu, 28, 58.
toll, 35.
tra chefn, 38.
traws, 45.
trawsswch, 41, 49.
trichanawl, 51.
trigyaw, 63.
trostreu, 57.
trwnc, 30.
trwy, 42.
trychwanawc, 36.
tu, 32, 43.

tudet, 36.
tuth, 55.
Twrch mab Perif, 60.
twtneis, 54.
tyle, 35.
us, 31.

wrth na, 62.

y (i'w), 25.
ym, 40.

ymgeissaw a, 25.
ymgyghor a, 25, 62.
ymgystlwn, 39.
ymrannu, 29.
yn lle, 45, 63.
yny, 51.
ynys, 41.
ysgeinaw, 44.
yscoluaethu, 57.
ystovi, 41.